Oliver Geister

Kleine Pädagogik des Märchens

Begriff – Geschichte – Ideen
für Erziehung und Unterricht.
Mit 19 Märchen und zwei Beiträgen
von Christian Peitz

Schneider Verlag Hohengehren GmbH

Gedruckt auf umweltfreundlichem Papier (chlor- und säurefrei hergestellt).

Bibliografische Information der Deutschen Nationalbibliothek

Die Deutsche Nationalbibliothek verzeichnet diese Publikation in der Deutschen Nationalbibliografie; detaillierte bibliografische Daten sind im Internet über ›http://dnb.d-nb.de‹ abrufbar.

ISBN 978-3-8340-0668-4
Schneider Verlag Hohengehren, D-73666 Baltmannsweiler
Homepage: www.paedagogik.de

Alle Rechte, insbesondere das Recht der Vervielfältigung sowie der Übersetzung, vorbehalten. Kein Teil des Werkes darf in irgendeiner Form (durch Fotokopie, Mikrofilm oder ein anderes Verfahren) ohne schriftliche Genehmigung des Verlages reproduziert werden.
© Schneider Verlag Hohengehren, Baltmannsweiler 2010.
Printed in Germany. Druck: Digital Print Group, Nürnberg

Inhalt

I.	„Es war einmal..." – Eine Hinführung..............	6
II.	**Was sind Märchen?**...................................	12
	Der Held macht sich auf den Weg.....................	13
	Das glückliche Ende.....................................	14
	Das Unbestimmte: Irgendwann, irgendwo im Nirgendwo.................................	14
	Das Wunderbare...	15
	Das Formelhafte..	15
	Zaubersprüche..	16
	Das Symbolische...	16
	Zahlensymbolik..	17
	Altersbezogene pädagogische und didaktische Hinweise im Anschluss an das Kapitel..............	17
	- Märchenzauberwürfel.................................	19
	- Märchenkarten...	21
III.	**Die Märchen der Brüder Grimm**.................	25
	Die Brüder Grimm......................................	26
	Die Kinder- und Hausmärchen........................	28
	Märchenerzählerinnen...................................	29
	Volksmärchen, Kunstmärchen, Buchmärchen......	33
	Altersbezogene pädagogische und didaktische Hinweise im Anschluss an das Kapitel..............	38
IV.	**Stichpunkte zur Geschichte der Märchenpädagogik**...................................	46
	Die erste Hälfte des 19. Jahrhunderts................	46
	Das späte 19. Jahrhundert und frühe 20. Jahrhundert...	51
	Reformpädagogik..	55
	Nationalsozialismus.....................................	59
	Die zweite Hälfte des 20. Jahrhunderts..............	59

Altersbezogene pädagogische und didaktische
Hinweise im Anschluss an das Kapitel............... 61

V. **Aspekte einer heutigen Märchenpädagogik**......... 76
Psychoanalytische und tiefenpsychologische
Märcheninterpretation.................................. 77
Rotkäppchen in der Deutung Erich Fromms............ 80
„Kinder brauchen Märchen"............................. 82

**Märchen und Märchenmedien in
Kindertageseinrichtungen** (Christian Peitz)............ 86
A) Märchen als Sprachförderung....................... 86
B) Kreativer Märcheneinsatz im interkulturellen
Zusammenhang...................................... 89

**Märchen und Märchenmedien im
Schulunterricht**.. 94
Märchentexte... 95
Märchenhörspiele....................................... 95
Beispiel: Hörkino –
Ein Märchenhörspiel selbst gestalten.................... 96
Märchentheater... 101

VI. **Erziehung im Märchen**............................... 108
Wie werden Kinder in Märchen erzogen?................ 108
Altersbezogene pädagogische und didaktische
Hinweise im Anschluss an das Kapitel................. 118

VII. **„Und wenn sie nicht..." – Ausblick**................. 119
Märchenpädagogik und Medienkompetenz............ 119

VIII. **Literatur/Anhang**................................... 122
A) Zitiernachweise der abgedruckten Märchen......... 122
B) Empfohlene Märchenausgaben..................... 123
C) Märchenmedien..................................... 124

D) Märchenmuseen (Auswahl).................... 124
E) Zitierte und weiterführende Literatur................ 125
Über die Autoren... 128

Verzeichnis der zitierten Märchen und Gedichte

Der Froschkönig oder der eiserne Heinrich. (KHM 1)....... 9
Rumpelstilzchen (KHM 55).................................. 23
Die Bremer Stadtmusikanten (KHM 27)..................... 30
Hans Christian Andersen: Die Prinzessin auf der Erbse...... 33
Aschenbuttel (KHM 21)..................................... 39
Novalis: Wenn nicht mehr Zahlen und Figuren............... 47
Ludwig Bechstein: Vom Hühnchen und Hähnchen.......... 50
Die Sterntaler (KHM 153)................................... 52
Das eigensinnige Kind (KHM 117).......................... 54
Der Zaunkönig und der Bär (KHM 102).................... 57
Der süße Brei (KHM 103).................................. 60
Annegret Gerdes: hey, dornröschen.......................... 63
Josef Reding: Mädchen, pfeif auf den Prinzen!.............. 64
Schneewittchen bei den Zwergen............................ 65
Schneewittchen (KHM 53).................................. 66
Jorinde und Joringel (KHM 69)............................. 73
Rotkäppchen (KHM 26).................................... 78
Der Prinz mit den Eselsohren (Märchen aus Portugal)....... 96
Christian Peitz: Der Poesieminister......................... 102
Frau Trude (KHM 43)...................................... 109
Die drei Spinnerinnen (KHM 14)........................... 111
Der alte Großvater und der Enkel (KHM 78)................ 113
Der Wolf und die sieben jungen Geißlein (KHM 5).......... 115

I. „Es war einmal…" – Eine Hinführung

> „Tiefere Bedeutung liegt in dem Märchen meiner Kinderjahre als in der Wahrheit, die das Leben lehrt."
> **Friedrich Schiller**

Auf dem Märchen, der ältesten und phantastischsten Gattung der Literatur, liegt ein unbeschreiblicher Zauber. Märchen erzählen von einer anderen, unwirklichen Welt und beinhalten vielleicht gerade deshalb besonders für Kinder tiefe Wahrheiten von unschätzbarem Wert. Auch auf die pädagogische Bedeutung von Märchen wurde schon früh hingewiesen, die Geschichte der Märchenpädagogik beginnt im frühen 19. Jahrhundert mit den Brüdern Grimm, zeitgleich mit dem Beginn der Märchenforschung. Die Grimms, die Märchen sammelten und aufzeichneten, taten dies nicht nur aus philologischem, sondern auch aus dem sich seit dem ausgehenden 18. Jahrhundert ausbreitenden pädagogischen Interesse. Und so haben sie mit ihren *Kinder- und Hausmärchen* (1812) ein Werk geschaffen, das neben Luthers Bibelübersetzung auch „unter pädagogischen Gesichtspunkten wie kein anderes gewirkt" hat (Richter 2002, Sp. 474).

Es gibt heute eine nahezu unüberschaubare Fülle an Märchenliteratur und noch mehr Literatur *über* Märchen. Märchen werden aus den verschiedensten Perspektiven gedeutet. Doch gibt es eine Märchenpädagogik als eigenständige Forschungsdisziplin bisher nicht. Zwar wird das Märchen unter pädagogischen Gesichtspunkten viel erforscht, dies erfolgt aber nicht an pädagogischen Instituten, sondern meist an philologischen, historischen und psychologischen Instituten und Fachbereichen. Zunächst aber wurde eine Märchenpädagogik überhaupt nicht als notwendig erachtet. Es reichte bis ins 19. Jahrhundert völlig aus, dem Kind Märchen zu erzählen oder vorzulesen. Das Märchen an sich galt schon als pädagogisch, da es auf unterhaltsame Weise Werte und Tugenden vermittelt, manchmal aber auch durchaus gewollt abschreckend wirkt. Seit Mitte/Ende des 19. Jahrhunderts wurden dann erste didaktische Konzepte erarbeitet, und Märchen wurden als literarische Gattung Gegenstand des Schulunterrichts. Im 20. Jahrhundert dominierten neben literarisch-interpretatorischen Ansätzen der Märchenvermittlung bald auch psychoanalytische und tiefenpsychologische Ansätze, die vor allem die entwicklungsfördernden Aspekte der Märchen betonten. Damit wurde eine Märchenpädagogik begründet, die nicht nur den Wert der Gattung als solche herausstellt, sondern auch zeigt, inwiefern Märchen tatsächlich zur Persönlichkeitsbildung von Kindern, Jugendlichen und Erwachsenen beitragen können.

Die vorliegende „Kleine Pädagogik des Märchens" will ebenfalls keine Märchenpädagogik als eigenständige Disziplin begründen, weil sie es nicht für notwendig hält. Sie kann auch nicht die märchenpädagogische Diskussion seit dem beginnenden 19. Jahrhundert umfassend darstellen. Sie führt aber ein in märchenpädagogisches Denken und gibt einen Überblick über verschiedene Begriffe, Strömungen und Entwicklungslinien. Außerdem bietet sie Tipps und Ideen für die pädagogische Praxis, sei es im familiären Erziehungskontext, in der KiTa oder in der Schule von der Primar- bis zur Sekundarstufe.

Die „Kleine Pädagogik des Märchens" ist keine streng wissenschaftliche Abhandlung. Sehrwohl ist sie aber orientiert an den aktuellen wissenschaftlichen Erkenntnissen über das Märchen und seine pädagogische Relevanz. Sie ist geschrieben für alle, die sich für Märchen und den pädagogischen Umgang mit Märchen interessieren, insbesondere für Eltern, Erzieher(innen), Lehramtsstudierende und Lehrer(innen). Im Anschluss an die einzelnen Kapitel, die der Lehrerin bzw. dem Lehrer zugleich als Sachanalyse dienen können, stehen jeweils praktische Vorschläge und Ideen für den pädagogischen Umgang mit dem Märchen in Bezug auf verschiedene Altersstufen.

Zunächst wird ein Überblick über die Gattung Märchen (Kapitel II) gegeben. Es wird der Begriff Märchen erläutert und der Frage nachgegangen, was ein Märchen zum Märchen macht. In Kapitel

III wird auf die Brüder Grimm eingegangen, die von größter Bedeutung für das Volksmärchen sind. Es folgen Stichpunkte zur Geschichte der Märchenpädagogik (Kapitel IV), bevor auf wichtige Aspekte der heutigen Märchenpädagogik eingegangen wird (Kapitel V). Hier werden praktische Vorschläge für den pädagogischen Umgang mit Märchen gegeben, differenziert nach Kindertagesstättenpädagogik und Schulpädagogik, wobei verschiedene Märchenmedien berücksichtigt werden. Ich bin dankbar, für Teile dieses Kapitels den Diplompädagogen und Märchendichter Christian Peitz als Mitautor gewonnen zu haben, der sich in zwei Beiträgen mit der Märchenarbeit in der KiTa auseinandersetzt. In seinem ersten Beitrag stellt er anhand ausgewählter Beispiele die sprachfördernde Bedeutung des Märchens heraus. Im zweiten Beitrag geht es um die Bedeutung der Märchenarbeit im interkulturellen Zusammenhang. In Kapitel VI folgt ein Exkurs, in dem die Erziehung im Märchen behandelt wird, bevor abschließend auf Chancen und Grenzen der Märchenpädagogik im Zusammenhang mit der Förderung von Medienkompetenz eingegangen wird.

Nur über Märchen zu lesen, kann manchmal etwas trocken sein. Deshalb sind in diesem Buch immer wieder auch Märchen abgedruckt. Sie stehen im Kontext mit dem Inhalt des Buches, dienen der Veranschaulichung dessen, was in den Kapiteln thematisiert wird, oder beziehen sich auf die praktischen pädagogischen Ideen. Sie dienen aber auch der Abwechslung und können zur Entspannung zwischendurch gelesen werden. Sie entscheiden selbst, ob und wann sie sich verzaubern lassen wollen!

Der Froschkönig oder der eiserne Heinrich. (KHM 1)

In den alten Zeiten, wo das Wünschen noch geholfen hat, lebte ein König, dessen Töchter waren alle schön, aber die jüngste war so schön, dass die Sonne selber, die doch so vieles gesehen hat, sich verwunderte so oft sie ihr ins Gesicht schien. Nahe bei dem Schlosse des Königs lag ein großer dunkler Wald, und in dem Walde unter einer alten Linde war ein Brunnen. Wenn nun der Tag recht heiß war, so ging das Königskind hinaus in den Wald und setzte sich an den Rand des kühlen Brunnens und wenn sie Langeweile hatte, so nahm sie eine goldene Kugel, warf sie in die Höhe und fing sie wieder; und das war ihr liebstes Spielwerk.

Nun trug es sich einmal zu, dass die goldene Kugel der Königstochter nicht in ihr Händchen fiel, das sie in die Höhe gehalten hatte, sondern vorbei auf die Erde schlug und geradezu ins Wasser hineinrollte. Die Königstochter folgte ihr mit den Augen nach, aber die Kugel verschwand, und der Brunnen war tief, so tief, dass man keinen Grund sah. Da fing sie an zu weinen und weinte immer lauter und konnte sich gar nicht trösten. Und wie sie so klagte, rief ihr jemand zu „was hast du vor, Königstochter, du schreist ja, dass sich ein Stein erbarmen möchte." Sie sah sich um, woher die Stimme käme, da erblickte sie einen Frosch, der seinen dicken hässlichen Kopf aus dem Wasser streckte. „Ach, du bist' s, alter Wasserpatscher," sagte sie, „ich weine über meine goldene Kugel, die mir in den Brunnen hinabgefallen ist." „Sei still und weine nicht," antwortete der Frosch, „ich kann wohl Rat schaffen, aber was gibst du mir, wenn ich dein Spielwerk wieder heraufhole?" „Was du haben willst, lieber Frosch," sagte sie, „meine Kleider, meine Perlen und Edelsteine, auch noch die goldene Krone, die ich trage." Der Frosch antwortete „deine Kleider, deine Perlen und Edelsteine und deine goldene Krone, die mag ich nicht. Aber wenn du mich lieb haben willst und ich soll dein Geselle und Spielkamerad sein, an deinem Tischlein neben dir sitzen, von deinem goldenen Tellerlein essen, aus deinem Becherlein trinken, in deinem Bettlein schlafen, wenn du mir das versprichst, so will ich hinunter steigen und dir die goldene Kugel wieder heraufholen." „Ach ja," sagte sie, „ich verspreche dir alles, was du willst, wenn du mir nur die Kugel wieder bringst." Sie dachte aber,

„was der einfältige Frosch schwätzt, der sitzt im Wasser bei seines Gleichen und quakt und kann keines Menschen Geselle sein."

Der Frosch, als er die Zusage erhalten hatte, tauchte seinen Kopf unter, sank hinab und über ein Weilchen kam er wieder heraufgerudert, hatte die Kugel im Maul und warf sie ins Gras. Die Königstochter war voll Freude, als sie ihr schönes Spielwerk wieder erblickte, hob es auf und sprang damit fort. „Warte, warte," rief der Frosch, „nimm mich mit, ich kann nicht so laufen wie du." Aber was half ihm, dass er ihr sein Quak, Quak so laut nachschrie als er konnte, sie hörte nicht darauf, eilte nach Haus und hatte bald den armen Frosch vergessen, der wieder in seinen Brunnen hinabsteigen musste.

Am andern Tage, als sie mit dem König und allen Hofleuten sich zur Tafel gesetzt hatte und von ihrem goldenen Tellerlein aß, da kam, plitsch platsch, plitsch platsch, etwas die Marmortreppe heraufgekrochen, und als es oben angelangt war, klopfte es an der Tür und rief: „Königstochter, jüngste, mach mir auf." Sie lief und wollte sehen, wer draußen wäre, als sie aber aufmachte, so saß der Frosch davor. Da warf sie die Tür hastig zu, setzte sich wieder an den Tisch und war ihr ganz Angst. Der König sah wohl, dass ihr das Herz gewaltig klopfte und sprach: „Mein Kind, was fürchtest du dich, steht etwa ein Riese vor der Tür und will dich holen?" „Ach nein," antwortete sie, „es ist kein Riese, sondern ein garstiger Frosch." „Was will der Frosch von dir?" „Ach lieber Vater, als ich gestern im Wald bei dem Brunnen saß und spielte, da fiel meine goldene Kugel ins Wasser. Und weil ich so weinte, hat sie der Frosch wieder heraufgeholt, und weil er es durchaus verlangte, so versprach ich ihm, er sollte mein Geselle werden, ich dachte aber nimmermehr, dass er aus seinem Wasser herauskönnte. Nun ist er draußen und will zu mir herein." Indem klopfte es zum zweitenmal und rief:

„Königstochter, jüngste,
mach mir auf,
weißt du nicht, was gestern
du zu mir gesagt
bei dem kühlen Brunnenwasser?
Königstochter, jüngste,
mach mir auf."

Da sagte der König: „Was du versprochen hast, das musst du auch halten; geh nur und mach ihm auf." Sie ging und öffnete die Türe, da hüpfte der Frosch herein, ihr immer auf dem Fuße nach, bis zu ihrem Stuhl. Da saß er und rief: „heb mich herauf zu dir." Sie zauderte, bis es endlich der König befahl. Als der Frosch erst auf dem Stuhl war, wollte er auf den Tisch, und als er da saß, sprach er: „Nun schieb mir dein goldenes Tellerlein näher, damit wir zusammen essen." Das tat sie zwar, aber man sah wohl, dass sie's nicht gerne tat. Der Frosch ließ sich's gut schmecken, aber ihr blieb fast jedes Bisslein im Halse. Endlich sprach er: „Ich habe mich satt gegessen und bin müde. Nun trag mich in dein Kämmerlein und mach dein seiden Bettlein zurecht, da wollen wir uns schlafen legen." Die Königstochter fing an zu weinen und fürchtete sich vor dem kalten Frosch, den sie nicht anzurühren getraute und der nun in ihrem schönen reinen Bettlein schlafen sollte. Der König aber ward zornig und sprach: „Wer dir geholfen hat, als du in der Not warst, den sollst du hernach nicht verachten." Da packte sie ihn mit zwei Fingern, trug ihn hinauf und setzte ihn in eine Ecke. Als sie aber im Bett lag, kam er gekrochen und sprach: „Ich bin müde, ich will schlafen so gut wie du. Heb mich herauf, oder ich sag's deinem Vater." Da ward sie erst bitterböse, holte ihn herauf und warf ihn aus allen Kräften wider die Wand: „Nun wirst du Ruhe haben, du garstiger Frosch."

Als er aber herabfiel, war er kein Frosch, sondern ein Königssohn mit schönen und freundlichen Augen. Der war nun nach ihres Vaters Willen ihr lieber Geselle und Gemahl. Da erzählte er ihr, er wäre von einer bösen Hexe verwünscht worden und niemand hätte ihn aus dem Brunnen erlösen können als sie allein, und morgen wollten sie zusammen in sein Reich gehen. Dann schliefen sie ein. Und am andern Morgen, als die Sonne sie aufweckte, kam ein Wagen herangefahren mit acht weißen Pferden bespannt. Die hatten weiße Straußfedern auf dem Kopf und gingen in goldenen Ketten, und hinten stand der Diener des jungen Königs, das war der treue Heinrich. Der treue Heinrich hatte sich so betrübt, als sein Herr war in einen Frosch verwandelt worden, dass er drei eiserne Bande hatte um sein Herz legen lassen, damit es ihm nicht vor Weh und Traurigkeit zerspränge. Der Wagen aber sollte den jungen König in sein Reich abholen; der treue Heinrich hob beide hinein, stellte sich wieder hinten auf und war voller Freude über die Erlösung. Und als sie ein Stück Wegs gefahren waren, hörte der Königssohn, dass es hinter ihm krachte, als wäre etwas zerbrochen. Da drehte er sich um und rief:

„Heinrich, der Wagen bricht."
„Nein, Herr, der Wagen nicht.
Es ist ein Band von meinem Herzen,
das da lag in großen Schmerzen,
als ihr in dem Brunnen saßt,
als ihr eine Fretsche (Frosch) wast (wart)."

Noch einmal und noch einmal krachte es auf dem Weg, und der Königssohn meinte immer, der Wagen bräche, und es waren doch nur die Bande, die vom Herzen des treuen Heinrich absprangen, weil sein Herr erlöst und glücklich war.

II. Was sind Märchen?

Märchen sind wunderbare und rätselhafte kleine Erzählungen aus einer lang vergangenen, unbestimmten Zeit, die an phantastischen Orten spielen. In der unwirklichen Welt des Märchens werden nicht selten Naturgesetze außer Kraft gesetzt, es wird gezaubert und verwünscht, und mitunter begegnet man seltsamen Wesen wie Riesen, Zwergen, Feen und Hexen. Der Märchenheld muss schwierige Aufgaben bewältigen und missliche Situationen durchstehen, bis am Ende sich alles zum Guten wendet. Ist die Prüfung bestanden, gibt es als Belohnung Gold und ein glückliches Leben zu zweit! Und wenn sie nicht gestorben sind, dann leben sie noch heute!

Der Begriff Märchen ist die Diminutivform (Verniedlichung) zu Mär. Das heute kaum noch gebräuchliche Wort beggenet uns in Martin Luthers bekanntem Weihnachtslied, wo es heißt: „Vom Himmel hoch, da komm ich her, ich bring euch gute, neue *Mär*". Mär bedeutet Kunde, Bericht, Erzählung. Das Mär*chen* ist also wörtlich eine kleine Erzählung. Seit Mitte des 15. Jahrhunderts ist das Wort „Märchen" in einer in Leipzig erschienenen Erzählsammlung bezeugt.

Märchen befassen sich mit dem „ganzen Spektrum menschlicher Existenz und mit dem ursprünglichen Erleben von Wirklichkeit, in die das Mögliche wie selbstverständlich miteinbezogen wird" (Freund 2005, S. 7). Märchen sind eine uralte literarische Form, die wahrscheinlich weit in die Menschheitsgeschichte zurückreicht. Lange, bevor sich Kulturen entwickelt haben, die der Schrift mächtig waren, hat man sich wohl schon Märchen erzählt. In den ältesten überlieferten Schriftdenkmälern finden sich schon Märchenmotive, zum Beispiel in den babylonisch-assyrischen Gilgameschgeschichten des zweiten Jahrtausends vor Christus. Auch in der altägyptischen, arabisch-islamischen, jüdischen, griechischen und römischen Literatur sind Märchenelemente zu entdecken. Das Märchen als eigenständige Gattung begegnet uns schon lange bevor die Brüder Grimm im 19. Jahrhundert die berühmten Kinder- und Hausmärchen aufzeichneten. Zum Beispiel gibt es das altägyptische Zwei-Brüder-Märchen, eine auf Papyrus aufgezeichnete Geschichte des zweiten Jahrtausends vor Christus, oder das antike Märchen von *Amor und Psyche* im „*Goldenen Esel*" aus dem zweiten Jahrhundert nach Christus. Die berühmte Märchensammlung *Tausendundeine Nacht* stammt aus dem achten Jahrhundert und ist im zehnten Jahrhundert ins Arabische übertragen worden.

Ein Märchen wird dann zum Märchen, wenn es ganz bestimmte Merkmale aufweist, die sich wie folgt bestimmen lassen:

Der Held macht sich auf den Weg

Märchen sind lineare Erzählungen, das heißt, dass es in der Regel keine Parallelhandlungen, keine Vorausdeutungen oder Rückblicke gibt. Die Struktur ist von einem Zweier- (Konflikt – Lösung) oder Dreierrhythmus (Ausgangssituation – Der Held ist auf dem Weg – versöhnlicher Schluss) bestimmt. Die Hauptfigur, der Märchenheld, stammt meist aus einfachen Verhältnissen und hat schwierige Aufgaben zu bewältigen. Oft geht er auf eine Reise und erlebt rätselhafte Abenteuer. Er begibt sich nicht selten in gefährliche Situationen und nach einer sich zuspitzenden Krise löst sich die Spannung auf und alles kommt zu einem guten, versöhnlichen Ende.

Das glückliche Ende

Der (fast) immer glückliche Ausgang des Märchens ist wesentliches Merkmal der Gattung. Die Spannung löst sich in einem meist furiosen Finale auf und es siegt oft das Gute und Gerechte. Die aus dem Rhythmus geratene Harmonie und Ordnung des ersten Erzählteils wird wieder hergestellt. Deshalb versprühen Märchen viel Lebensoptimismus und spenden den Zuhörern Trost.

Das Unbestimmte: Irgendwann, irgendwo im Nirgendwo

Märchen spielen an utopischen Orten zu unbestimmten, meist lang vergangenen Zeiten. Nicht selten spielen sie in einem Königreich oder in einem Zauberwald. Auch die Märchencharaktere sind nicht näher bestimmt. Sie lassen sich einteilen in gut und böse, schön oder hässlich. Im Mittelpunkt stehen oft die armen, sozialbedürftigen Menschen, die Ausgeschlossenen und die Habenichtse. Aber natürlich gehören auch Prinz, Prinzessin, König und Königin zum Märchenpersonal. Diese Märchenfiguren sind in der Regel keine sich entwickelnden Charaktere, sondern eher konstant agierende Typen. Das macht das Märchen zu einer für

Kinder gut verständlichen Gattung und zugleich bleibt genug Raum für die eigene Phantasie, da die Märchentypen charakterlich von den Zuhörern ausgestaltet und weiterentwickelt werden müssen.

Das Wunderbare

In Märchen ist alles möglich. Tote können wieder zum Leben erweckt werden, Arme werden reich und unwirkliche Gestalten wie Hexen, Feen oder Zwerge können Wünsche erfüllen. Manchmal geschieht dies mit Hilfe bestimmter Requisiten, zum Beispiel mit einem Ring, der zaubern kann. Es gibt viele rätselhafte und sonderbare Wesen, die sich für den Helden entweder als nützliche Helfer oder als große Gefahr erweisen können. Tiere und Gegenstände können nicht selten sprechen, manchmal sind sie verwunschene Menschen, die im Laufe des Märchens zurückverwandelt werden müssen. In Frage gestellt werden diese übernatürlichen unwirklichen waltenden Mächte und Kräfte im Märchen nie (vgl. die Reaktion der Prinzessin auf den sprechenden Frosch in KHM 1). Unsere wirkliche, zunehmend entzauberte Welt wird durch das Märchen so wieder ein Stückweit zurückverzaubert.

Das Formelhafte

Typisch für Märchen sind formelhafte Wendungen, wie die Anfangs- und Schlussformeln. Das Märchen „Der Froschkönig oder der eiserne Heinrich" (KHM 1) der Brüder Grimm beginnt in seiner ältesten Fassung von 1812 so: „Es war einmal eine Königstochter, die ging hinaus in den Wald und setzte sich an einen kühlen Brunnen." Ab der dritten Auflage 1837 beginnt das Märchen mit der uns heute geläufigen typischen Anfangsformel: „In den alten Zeiten, wo das Wünschen noch geholfen hat, lebte ein König, dessen Töchter waren alle schön, aber die jüngste war so schön, dass sich die Sonne selber, die doch so vieles gesehen hat, darüber verwunderte, so oft sie ihr ins Gesicht schien." Typische Schlussformeln lauten: „Und wenn sie nicht gestorben sind, dann leben sie noch heute" oder: „Und sie lebten glücklich bis an ihr Lebensende".

Zaubersprüche

Auch Zaubersprüche und Zauberformeln sind Wesensmerkmal vieler Märchen: „Heute back ich, morgen brau ich, / übermorgen hol ich der Königin ihr Kind; / ach, wie gut ist, dass niemand weiß / dass ich Rumpelstilzchen heiß!", schreit Rumpelstilzchen auf einem Bein um ein Feuer hüpfend (KHM 55). Und die böse Königin fragt in *„Schneewittchen"* (KHM 53) immer wieder ihren Zauberspiegel: „Spieglein, Spieglein an der Wand, wer ist die Schönste im ganzen Land?" Das Formelhafte und die sich wiederholenden Sprüche und Zaubersprüche im Märchen sorgen für einen hohen Wiedererkennungswert. Sie prägen sich gut ein und schaffen zudem eine klare Struktur, weshalb das Märchen besonders kindgerecht ist.

Das Symbolische

Symbole sind wahrnehmbare Zeichen, die oft eine tiefere Bedeutung haben. Sie spielen in Märchen eine große Rolle. Der Ring zum Beispiel wird oft als Zauberring oder Wunschring eingesetzt. Er ist ein Zeichen von Macht und Herrschaft, aber auch Symbol der Verbundenheit zweier Menschen. Oder nehmen wir als ein anderes Beispiel den Brunnen. Der Brunnen stellt einerseits den Quell des Lebens dar, andererseits steht er auch für den Abstieg in eine vorbewusste Kultur. Manchmal ist er gar Eingang in das Reich des Todes und der Unterwelt. Symbolischen Charakter haben oft auch Tiere, die dem Märchenhelden beistehen, so etwa die Tauben dem Aschenputtel (KHM 21). Tiere können dem Menschen aber auch Schaden zufügen, wenn wir etwa an den bösen Wolf bei *Rotkäppchen* (KHM 26) denken (vgl. Freund 2005, S. 116ff.).

Zahlensymbolik

In der Bibel steht, dass Gott „alles nach Maß, Zahl und Gewicht" geordnet habe (Weisheit Salomons 11,20). Der Glaube an eine geordnete Welt äußert sich auch in der Zahlensymbolik des Märchens. Auf die zweiteilige oder dreiteilige Struktur des Märchens wurde schon hingewiesen. Zahlen spielen aber insgesamt eine bedeutende Rolle im Märchen, das gilt vor allem für die Drei und die Sieben. Ein Vater hat drei Töchter, drei Wünsche hat man frei oder drei Aufgaben sind zu bewältigen. Die Sieben begegnet uns bei *Schneewittchen* (KHM 53), die auf sieben Zwerge trifft, und der böse Wolf stellt eine Gefahr für die sieben Geißlein dar (KHM 5).

Altersbezogene pädagogische und didaktische Hinweise im Anschluss an das Kapitel

a) Märchen hören und Bilder dazu malen: Landschaften, Märchencharaktere ausgestalten, Märchenrequisiten malen, die Märchenhandlung in verschiedenen Bildern gemäß der zwei- bis dreiteiligen Struktur abbilden oder einzelne Szenen der Märchen in Bildern bzw. Bildergeschichten darstellen. (Ab ca. 3-4 Jahren)
b) Sich als Märchenfiguren verkleiden, Märchenszenen in Standbildern fotografisch festhalten, Märchen als Fotoroman nachstellen oder als Improvisationstheater nachspielen, Märchencharaktere ausgestalten und weiterentwickeln. (Ab 4-6 Jahren)

c) Märchen hören, lesen und vergleichen – Nach gemeinsamen und unterschiedlichen Merkmalen von Märchen suchen und Begriffe dafür finden. Alternativ: Märchenmerkmale vorgeben (z.b.: Anfangs- und Schlussformel, Zahlensymbole, Aufgaben, Unwirkliches, Happy End) und diese anhand bestimmter Märchen beispielhaft bestimmen (ab ca. 8 Jahren).
d) Märchen selbst gestalten, erzählen und verändern, Märchen weitererzählen (Wie geht es nach dem Ende weiter?), ein Märchen nur halb erzählen, das Ende selbst ausgestalten und anschließend den eigenen Schluss mit dem „echten" Schluss vergleichen. (ab ca. 6-8 Jahren)
e) Märchenfiguren in andere Kontexte stellen (Wie würde die Rotkäppchengeschichte in der heutigen Zeit aussehen?), neue Figuren, ggf. Figuren aus anderen Märchen tauchen plötzlich auf: Wie ändert sich dadurch das Geschehen? (Ab 8-10 Jahren, ein Beispiel hierfür bietet das Hörspiel von Christian Peitz „Rumpelstilzchen schlägt zurück", 2009, vgl. Anhang C).
f) Mit Hilfe der Märchenmerkmale eigene Märchen erfinden und erzählen oder aufschreiben. Man einigt sich z.B. auf bestimmte Märchenmerkmale und lost oder würfelt, mit welchen Vorgaben man ein eigenes Märchen erzählen soll. Man kann allein ein Märchen verfassen oder in einer Gruppe ein kollektives Märchen erzählen. Dazu im Folgenden zwei Möglichkeiten:

Märchenzauberwürfel

Für einen bis beliebig viele Spieler, ab ca. 6 Jahre

Ziel des Spiels: Es werden sechs Märchenzauberwürfel gebastelt. Mit Hilfe dieser Würfel werden dann Märchen erfunden und erzählt.

Vorarbeit: Zunächst muss eine Würfelvorlage erstellt oder die abgedruckte Vorlage sechsmal (ggf. vergrößert) kopiert werden. Damit werden sechs Würfel konzipiert und gebastelt, mit deren Hilfe dann die Vorgaben für das Märchen erwürfelt werden.

Erster Würfel: Der Handlungsort. Denke Dir sechs mögliche märchenhafte Handlungsorte aus oder übernimm folgende Auswahl: Ein altes Schloss, eine dunkle Höhle, ein Märchenwald, ein großes Königreich, eine gebirgige Landschaft, eine Oberwelt und Unterwelt, die durch einen Brunnen miteinander verbunden sind.

Zweiter Würfel: Der Märchenheld. Denke Dir sechs mögliche Hauptfiguren aus oder übernimm folgende Auswahl: Die jüngste von drei Töchtern, ein Dümmling, die Prinzessin Isolde, Prinz Johann, ein unbedarfter Schuhmacherknecht, ein armes Kind.

Dritter Würfel: Der Widersacher. Denke Dir sechs mögliche Widersacher aus oder übernimm folgende Auswahl: Die böse Stiefmutter, ein habgieriger Nachbar, eine alte Hexe, ein böser Zauberer, ein zorniger Vater, ein gehässiger Zwerg.

Vierter Würfel: Aufgaben. Denke Dir sechs mögliche Aufgaben aus, die der Held bewältigen muss, oder übernimm folgende Auswahl: eine Prinzessin befreien, in einen Wettstreit treten, drei Abenteuer bestehen, ein Rätsel lösen, jemandem etwas Gutes tun, jemanden vor dem Tod retten.

Fünfter Würfel: Magische Helfer. Denke Dir sechs mögliche magische Helfer aus oder übernimm folgende Auswahl, zum Beispiel: ein sprechender Vogel, eine gute Fee, ein Zauberring, eine verwunschene Laute, drei Zwerge, ein Einsiedler.

Sechster Würfel: Die Belohnung. Denke Dir sechs mögliche märchenhafte Belohnungen für Deinen Schluss aus oder übernimm folgende Auswahl: Heirat, Besitz eines Schlosses, eine geglückte Befreiung, das Böse wird besiegt, eine erfolgreiche Rückverwandlung, großer Reichtum.

Spielverlauf: Nach Fertigstellung der Würfel würfelt jeder und notiert sich seine sechs Vorgaben. Mit diesen muss dann ein Märchen erdacht und erzählt bzw. aufgeschrieben werden. Nach Möglichkeit sollen auch selbst ausgedachte Märchenformeln zur Verwendung kommen. Wenn die Märchen fertig sind, werden zunächst die erwürfelten Vorgaben vorgelesen und dann das selbst verfasste Märchen erzählt. Insgesamt sind 46656 verschiedene Kombinationen möglich.

Märchenkarten

2-8 Spieler, ab ca. 6-8 Jahren

Ziel des Spiels: Es werden Spielkarten ausgeschnitten und beschriftet, um damit gemeinsam ein Märchen zu improvisieren.

Vorarbeit: Zunächst müssen die Spielkarten erstellt werden. Man kann entweder die vorliegenden Spielkarten vergrößert kopieren und ausschneiden, oder eigene Karten erstellen. Hierfür sollte man zwei leere DIN A 4-Blätter jeweils dreimal falten und dann an den Linien entlangschneiden, sodass man insgesamt 16 Karten erhält. Diese werden dann an die Spieler verteilt und jeder notiert darauf bestimmte Situationen, Figuren oder Begriffe, die den anderen Mitspielern nicht verraten werden. Dann werden die Karten gut durchgemischt und verdeckt auf einen Stapel gelegt.

Spielverlauf: Man einigt sich auf eine Ausgangssituation und auf einen Märchenheld (ggf. kann dies, sofern vorhanden, mit Hilfe der Märchenwürfel 1 und 2 des vorigen Spiels geschehen). Nun erzählt man ein gemeinsames Märchen. Der oder die Kleinste in der Runde beginnt zu erzählen. Lautet die Ausgangssituation zum Beispiel, dass der Jüngste von drei Söhnen ein Taugenichts ist und die väterliche Mühle verlassen muss, um in die Welt hinauszuziehen, beginnt der erste Spieler mit der ausschmückenden Erzählung dieser Handlungskonstellation. Nach einigen Sätzen oder nach einer Zeitspanne von etwa einer Minute (vielleicht läuft eine Sanduhr mit), setzt der Nächste in der Runde die Erzählung fort. Er zieht dafür einen Begriff vom Stapel, deckt ihn auf und erzählt das Märchen so weiter, dass er den vorgegebenen Begriff möglichst sinnvoll in die Märchenhandlung einbaut. So geht es reihum, bis alle Begriffe ausgespielt sind. Derjenige, der die letzte Karte des Stapels aufdeckt, hat die Aufgabe, das Märchen sinnvoll zu beschließen. Wenn man möchte, kann man das Märchen mit einem Recorder aufnehmen, nicht selten entsteht wirklich ein wunderbares, rätselhaftes, mitunter auch abstruses Märchen.

Spielvariante: Die Begriffskarten können auch gemischt und unter die Spieler verteilt werden. Jeder der Spieler hat dann bis zu vier Karten in der Hand und darf eine seiner Karten ausspielen, wenn er glaubt, einen seiner Begriffe in die bisherige Erzählung gut integrieren zu können.

Beispiele für Begriffskarten:

Zauberring	Eine uralte Eiche	Ein wunderschönes Kleid	Flaschengeist
Gute Fee	Böser Drache	Feuer	Pest
Dunkler Wald	Gold und Edelsteine	Simsalabim	Weiße Taube
Eine Höhle	Drei Räuber	Pechvogel	Wandschrank

Rumpelstilzchen (KHM 55)

Es war einmal ein Müller, der war arm, aber er hatte eine schöne Tochter. Nun traf es sich, dass er mit dem König zu sprechen kam, und um sich ein Ansehen zu geben, sagte er zu ihm: „Ich habe eine Tochter, die kann Stroh zu Gold spinnen." Der König sprach zum Müller: „Das ist eine Kunst, die mir wohl gefällt. Wenn deine Tochter so geschickt ist, wie du sagst, so bring sie morgen in mein Schloss, da will ich sie auf die Probe stellen." Als nun das Mädchen zu ihm gebracht ward, führte er es in eine Kammer, die ganz voll Stroh lag, gab ihr Rad und Haspel und sprach: „Jetzt mache dich an die Arbeit und wenn du diese Nacht durch bis morgen früh dieses Stroh nicht zu Gold versponnen hast, so musst du sterben." Darauf schloss er die Kammer selbst zu und sie blieb allein darin.

Da saß nun die arme Müllerstochter und wusste um ihr Leben keinen Rat. Sie verstand gar nichts davon, wie man Stroh zu Gold spinnen konnte, und ihre Angst ward immer größer, dass sie endlich zu weinen anfing. Da ging auf einmal die Türe auf und ein kleines Männchen trat herein und sprach: „Guten Abend, Jungfer Müllerin, warum weint sie so sehr?" „Ach," antwortete das Mädchen, „ich soll Stroh zu Gold spinnen und verstehe das nicht." Sprach das Männchen: „Was gibst du mir, wenn ich dir's spinne?" „Mein Halsband", sagte das Mädchen. Das Männchen nahm das Halsband, setzte sich vor das Rädchen und schnurr, schnurr, schnurr, dreimal gezogen, war die Spule voll. Dann steckte es eine andere auf und schnurr, schnurr, schnurr, dreimal gezogen, war auch die zweite voll. Und so ging's fort bis zum Morgen. Da war alles Stroh versponnen, und alle Spulen waren voll Gold. Bei Sonnenaufgang kam schon der König und als er das Gold erblickte, erstaunte er und freute sich, aber sein Herz ward nur noch goldgieriger. Er ließ die Müllerstochter in eine andere Kammer voll Stroh bringen, die noch viel größer war und befahl ihr das auch in einer Nacht zu spinnen, wenn ihr das Leben lieb wäre. Das Mädchen wusste sich nicht zu helfen und weinte, da ging abermals die Türe auf, und das kleine Männchen erschien und sprach: „Was gibst du mir, wenn ich dir das Stroh zu Gold spinne?" „Meinen Ring von dem Finger", antwortete das Mädchen. Das Männchen nahm den Ring, fing wieder an zu schnurren mit dem Rade und hatte bis zum Morgen alles Stroh zu glänzendem Gold gesponnen. Der König freute sich über die Maßen bei dem An-

blick, war aber noch immer nicht Goldes satt, sondern ließ die Müllerstochter in eine noch größere Kammer voll Stroh bringen und sprach: „Die musst du noch in dieser Nacht verspinnen. Gelingt dir's aber, so sollst du meine Gemahlin werden." „Wenn's auch eine Müllerstochter ist," dachte er, „eine reichere Frau finde ich in der ganzen Welt nicht." Als das Mädchen allein war, kam das Männlein zum dritten Mal wieder und sprach: „Was gibst du mir, wenn ich dir noch diesmal das Stroh spinne?" „Ich habe nichts mehr, das ich geben könnte", antwortete das Mädchen. „So versprich mir, wenn du Königin wirst, dein erstes Kind." „Wer weiß, wie das noch geht", dachte die Müllerstochter und wusste sich auch in der Not nicht anders zu helfen; sie versprach also dem Männchen, was es verlangte. Und das Männchen spann dafür noch einmal das Stroh zu Gold. Und als am Morgen der König kam und alles fand, wie er gewünscht hatte, so hielt er Hochzeit mit ihr, und die schöne Müllerstochter ward eine Königin. Über ein Jahr brachte sie ein schönes Kind zur Welt und dachte gar nicht mehr an das Männchen. Da trat es plötzlich in ihre Kammer und sprach: „Nun gib mir, was du versprochen hast." Die Königin erschrak und bot dem Männchen alle Reichtümer des Königreichs an, wenn es ihr das Kind lassen wollte. Aber das Männchen sprach: „Nein, etwas Lebendes ist mir lieber als alle Schätze der Welt." Da fing die Königin so an zu jammern und zu weinen, dass das Männchen Mitleiden mit ihr hatte: „Drei Tage will ich dir Zeit lassen", sprach er, „wenn du bis dahin meinen Namen weißt, so sollst du dein Kind behalten."
Nun besann sich die Königin die ganze Nacht über auf alle Namen, die sie jemals gehört hatte und schickte einen Boten über Land, der sollte sich erkundigen weit und breit, was es sonst noch für Namen gäbe. Als am andern Tag das Männchen kam, fing sie an mit Caspar, Melchior, Balzer und sagte alle Namen, die sie wusste, nach der Reihe her, aber bei jedem sprach das Männlein: „So heiß ich nicht." Den zweiten Tag ließ sie in der Nachbarschaft herumfragen, wie die Leute da genannt würden und sagte dem Männlein die ungewöhnlichsten und seltsamsten Namen vor: „Heißt du vielleicht Rippenbiest oder Hammelswade oder Schnürbein?" Aber es antwortete immer: „So heiß ich nicht." Den dritten Tag kam der Bote wieder zurück und erzählte: „Neue Namen habe ich keinen einzigen finden können, aber wie ich an einen hohen Berg um die Waldecke kam, wo Fuchs und Has sich gute Nacht sagen, so sah ich da ein kleines Haus. Und vor dem Haus brannte ein Feuer, und

um das Feuer sprang ein gar zu lächerliches Männchen, hüpfte auf einem Bein und schrie:
„Heute back ich, morgen brau ich,
übermorgen hol ich der Königin ihr Kind;
ach, wie gut ist, dass niemand weiß,
dass ich Rumpelstilzchen heiß!"
Da könnt ihr denken, wie die Königin froh war, als sie den Namen hörte. Und als bald hernach das Männlein herein trat und fragte: „Nun, Frau Königin, wie heiß ich?" Fragte sie erst: „Heißest du Kunz?" „Nein." „Heißest du Heinz?" „Nein."
„Heißt du etwa Rumpelstilzchen?"
„Das hat dir der Teufel gesagt, das hat dir der Teufel gesagt", schrie das Männlein und stieß mit dem rechten Fuß vor Zorn so tief in die Erde, dass es bis an den Leib hineinfuhr, dann packte es in seiner Wut den linken Fuß mit beiden Händen und riss sich selbst mitten entzwei.

III. Die Märchen der Brüder Grimm

Ursprünglich wurden Märchen hauptsächlich mündlich überliefert. An langen Winterabenden haben Eltern ihren Kindern Märchen erzählt, Soldaten in den Lagern, Frauen in den Spinnstuben oder Matrosen auf den Schiffen. Davon zeugen heute noch meist abwertend gebrauchte Wörter wie „spinnen" oder „flachsen" im Sinne von „Unsinn reden" oder das berühmt-berüchtigte „Seemannsgarn". Märchen sind erdichtete Geschichten ohne konkreten Realitätsbezug und doch vermitteln sie auf einer tieferen Ebene Wahrheiten. Sie sind die Poesie der armen, einfachen Menschen, die in der Regel nicht lesen oder schreiben konnten und angesichts ihrer oft kläglichen Lebensbedingungen durch das Erzählen von Märchen Unterhaltung und Trost fanden. Das erklärt, weshalb der Märchenheld selbst oft aus einfachsten Verhältnissen stammt und am Ende häufig mit Reichtum und Liebesglück belohnt wird. Solange Märchen erzählt wurden, wurden sie auch weitergesponnen und der Erzählsituation angepasst. Die Grundmotive der Märchen überdauerten, allerdings lag die sprachliche Ausgestaltung des Märchens stets beim jeweiligen Erzähler, der seine Geschichten nach Ermessen den Bedürfnissen und Erwartungen seiner Hörer anpasste. So ist es wahrscheinlich, dass sich Märchen im Laufe der Jahrhunderte zum Teil stark veränderten. Sie haben sich weiterentwickelt, aber sicherlich sind auch viele Märchenmotive für immer verloren gegangen.

Dadurch, dass man Märchenerzählungen auch aufgezeichnet hat, wurden bis in unsere Zeit hinein viele Märchenmotive vor dem Vergessen gerettet. Vom ältesten Märchenbuch, der arabischen Sammlung „*Tausendundeine Nacht*" war schon die Rede. Doch auch später wurden Märchen immer wieder aufgezeichnet und dadurch bewahrt. Im 16. Jahrhundert sammelte der erste europäische Märchensammler, der Italiener Giovanni Francesco Straparola, um die 75 Märchenerzählungen unter dem Titel „*Le piacevoli notti*" (Die ergötzlichen Nächte). Außerdem gab es 50 Märchenstücke, das „*Pentameron*" von Giambattista Basile, 1634-36 und 1647. In dieser Sammlung finden sich schon bekannte Märchen wie *Dornröschen*, *Der gestiefelte Kater* und *Aschenputtel*. In Frankreich veröffentlichte Charles Perrault 1697 Märchen wie *Rotkäppchen*, *Aschenputtel* und *Hänsel und Gretel* in „*Histoires ou contes du temps passé, avec des moralités: contes de ma Mère l'Oye*". Seit dem späten 18. Jahrhundert gibt es in Deutschland Märchenaufzeichnungen, z.B. die 1782-87 erschienen „*Volksmärchen der Deutschen*" von Johann Karl August Musäus (vgl. Freund, 1996, S. 186f.). Die bedeutendsten Märchensammler aber sind die Brüder Grimm, die ab 1812 das erste Mal ihre „*Kinder- und Hausmärchen*" publizierten.

Die Brüder Grimm

Die Brüder Grimm lebten und arbeiteten zusammen, sie wurden auf eigenen Wunsch hin sogar zusammen beerdigt. Der ein Jahr ältere der beiden, Jacob Ludwig Karl, lebte von 1785 bis 1863, Wilhelm Karl von 1786 bis 1859. Beide sind in Hanau geboren und in Berlin gestorben. Ihr Vater war Amtmann in Steinau, wo

die Brüder ihre Kindheit verbrachten. Bereits 1796 verstarb der Vater und die Brüder, die noch sechs weitere Geschwister hatten, kamen 1798 zu einer Tante nach Kassel, wo sie das Lyzeum besuchten. Danach studierten sie Jura in Marburg.
Jacob hatte aufgrund wirtschaftlicher Not das Studium nicht abgeschlossen und ab 1808 eine Stelle als Privatbibliothekar angenommen. 1829 wurde er Professor für Altertumswissenschaften und Bibliothekar in Göttingen. Wilhelm hat sein Examen beendet, blieb jedoch zunächst ohne Arbeit. Nach einigen Jahren als Privatgelehrter nahm er die Stelle eines Bibliothekssekretärs in Kassel an. 1825 heiratete er Dortchen Wild und lebte fortan mit ihr und Jacob in einer Wohngemeinschaft. 1830 wurde Wilhelm Unterbibliothekar in Göttingen und ab 1835 ebenfalls Professor. Beide Brüder wurden 1837 ihrer Ämter enthoben und des Landes verwiesen, weil sie am „Protest der Göttinger Sieben" gegen den Verfassungsbruch durch den König von Hannover teilnahmen. 1840 und 1842 wurden sie Mitglieder der Akademie der Wissenschaften und bekamen einen Ruf nach Berlin.
Jacob Grimm gilt als der Begründer der modernen Germanistik. Er publizierte Standardwerke über Literatur- und Sprachwissenschaft, Rechtsaltertümer, Mythologie, Sagen und Märchen. Wilhelm war Hauptredakteur der Märchen und Herausgeber mittelhochdeutscher Dichtungen. Beide initiierten die Arbeit an dem „Deutschen Wörterbuch", das einen Gesamtüberblick der deutschen Sprache vermitteln soll. Der erste Band von „A" bis „Biermolke" erschien 1857. Aus den ursprünglich acht geplanten Bänden wurden tatsächlich 32 Bände, von denen der letzte erst 1961 erschien, also rund einhundert Jahre nach dem Tod der Brüder Grimm.

Die Kinder- und Hausmärchen

Das Interesse der Grimms an Märchen wurde durch die beiden Romantiker Clemens Brentano (1778-1842) und Achim von Arnim (1781-1831) geweckt, die sie 1803 an der Marburger Universität kennen lernten. Die Brüder begannen 1807 Märchen zu erforschen und aufzuzeichnen. 1810 sandten sie eine erste Fassung an Brentano. Diese handschriftlichen Aufzeichnungen galten lange als verschollen und wurden erst im 20. Jahrhundert im Kloster Oelenberg wieder entdeckt (vgl. Karlinger 1983, S. 47f.). 1812 erschien die erste gedruckte Ausgabe der *Kinder- und Hausmärchen* mit 86 Märchen. Ein zweiter Teil mit weiteren 72 Märchen erschien 1815. Mit dem dritten Band mit Varianten und Anmerkungen, der 1822 herauskam, begründeten die Brüder Grimm die wissenschaftliche Märchenforschung. Die Märchenbücher wurden für die weiteren Auflagen erweitert, verändert und ergänzt. Zu Lebzeiten der Brüder Grimm erschienen die Märchen in insgesamt sieben Auflagen und die Sammlung wurde immer wieder auch in sprachlicher Hinsicht umgearbeitet (vgl. Grimm 2008, Bd. 1, S. 15ff.). Die heute gebräuchliche Ausgabe der *Kinder- und Hausmärchen* ist die Ausgabe „letzter Hand" von 1857 und umfasst insgesamt 200 Märchen und 10 Kinderlegenden. Darüber hinaus gibt es einen Anhang mit 28 weiteren Märchen (Grimm/Grimm 2008, Bd. 1-3). Allerdings gelten nicht alle, gemessen an den oben entwickelten Kriterien, als wirkliche Märchen. Einige Forscher sind der Ansicht, dass nur etwa sechzig der in den *Kinder- und Hausmärchen* abgedruckten Märchen tatsächlich der Gattung Märchen zuzuordnen sind, die anderen sind zum Beispiel als Legenden, Fabeln, Mythen oder Schwänke einzuordnen (vgl. Karlinger 1983, S. 52).

Märchenerzählerinnen

Die Märchen, die die Brüder Grimm aufgezeichnet haben, wurden ihnen erzählt. Märchenforscher haben nachgewiesen, dass einige der Märchen auf französische Quellen zurückzuführen sind, etwa auf Perrault, Madame d'Aulony und Mademoiselle de la Force (vgl. Lüthi 2004, S. 52f.). In erster Linie waren es aber gebildete jüngere Frauen, die zur Märchensammlung entscheidend beigetragen haben (vgl. Freund 1996, S. 187f.). Die Pfarrerstochter Friederike Mannel (geb. 1783) aus Allendorf sandte den Grimms seit 1808 einige Märchen zu. Dorothea Wild (geb. 1752) erzählte den Grimms zum Beispiel das Märchen *Marienkind* (KHM 3). Ihre Tochter Dortchen, die Wilhelm 1825 heiratete, erzählte unter anderem das Märchen *Frau Holle* (KHM 24), *Die sechs Schwäne* (KHM 49) und *Rumpelstilzchen*. (KHM 55) Weiterhin bedeutsam waren die Geschwister Hassenpflug und die Schneidersfrau Katharina Dorothea Viehmann (geb. 1755) aus Niederzwehren bei Kassel. Der Märchenforscher Hermann Rölleke hat ermittelt, dass die insgesamt 240 Märchen auf rund 40 verschiedene Beiträger und 30 verschiedene schriftliche Quellen zurückgehen (vgl. Prill 1996, S. 914). Auch wenn die Grimms in ihrer Vorrede schreiben, dass die meisten Märchen aus Hessen kämen, „den Main- und Kinziggegenden der Grafschaft Hanau" (Grimm 2008, Bd. 1, S. 18), so stammt tatsächlich etwa ein Drittel der Märchen aus Westfalen, zugesandt von den Schwestern von Droste Hülshoff und der Familie von Haxthausen (vgl. Prill 1996, S. 914), darunter unter anderem *Die drei Glückskinder* (KHM 70) und *Die Bremer Stadtmusikanten* (KHM 27). Die berühmte alte Märchenfrau, die „alte Marie" Müller (1747-1826), die Wilhelm Grimms Sohn Herman ins Spiel brachte und die in der älteren Forschung als eine der Hauptquellen des ersten Bandes der Kinder- und Hausmärchen galt, hat es nach Rölleke tatsächlich wohl nicht gegeben.

Die Bremer Stadtmusikanten (KHM 27)

Es hatte ein Mann einen Esel, der schon lange Jahre die Säcke unverdrossen zur Mühle getragen hatte, dessen Kräfte aber nun zu Ende gingen, so dass er zur Arbeit immer untauglicher ward. Da dachte der Herr daran, ihn aus dem Futter zu schaffen, aber der Esel merkte, dass kein guter Wind wehte, lief fort und machte sich auf den Weg nach Bremen. Dort, meinte er, könnte er ja Stadtmusikant werden. Als er ein Weilchen fortgegangen war, fand er einen Jagdhund auf dem Wege liegen, der jappte wie einer, der sich müde gelaufen hat. „Nun, was jappst du so, Packan?", fragte der Esel. „Ach," sagte der Hund, „weil ich alt bin und jeden Tag schwächer werde, auch auf der Jagd nicht mehr fort kann, hat mich mein Herr wollen totschlagen, da hab ich Reißaus genommen. Aber womit soll ich nun mein Brot verdienen?" „Weißt du was," sprach der Esel, „ich gehe nach Bremen und werde dort Stadtmusikant. Geh mit und lass dich auch bei der Musik annehmen. Ich spiele die Laute, und du schlägst die Pauken." Der Hund war's zufrieden, und sie gingen weiter. Es dauerte nicht lange, so saß da eine Katze an dem Weg und machte ein Gesicht wie drei Tage Regenwetter. „Nun, was ist dir in die Quere gekommen, alter Bartputzer?", sprach der Esel. „Wer kann da lustig sein, wenn's einem an den Kragen geht," antwortete die Katze, „weil ich nun zu Jahren komme, meine Zähne stumpf werden und ich lieber hinter dem Ofen sitze und spinne, als nach Mäusen herum jage, hat mich meine Frau ersäufen wollen. Ich habe mich zwar noch fortgemacht, aber nun ist guter Rat teuer: wo soll ich hin?" „Geh mit uns nach Bremen, du verstehst dich doch auf die Nachtmusik. Da kannst du ein Stadtmusikant werden." Die Katze hielt das für gut und ging mit. Darauf kamen die drei Landesflüchtigen an einem Hof vorbei, da saß auf dem Tor der Haushahn und schrie aus Leibeskräften. „Du schreist einem durch Mark und Bein", sprach der Esel, „was hast du vor?" „Da hab ich gut Wetter prophezeit", sprach der Hahn, „weil unserer lieben Frauen Tag ist, wo sie dem Christkindlein die Hemdchen gewaschen hat und sie trocknen will. Aber weil Morgen zum Sonntag Gäste kommen, so hat die Hausfrau doch kein Erbarmen und hat der Köchin gesagt, sie wollte mich morgen in der Suppe essen. Und da soll ich mir heut Abend den Kopf abschneiden lassen. Nun schrei ich aus vollem Hals, so lang ich noch kann." „Ei was, du Rotkopf," sagte der Esel, „zieh lieber mit uns fort, wir gehen nach Bremen, etwas besseres als den Tod findest du überall. Du hast eine gute Stimme, und wenn wir zusammen musizieren, so muss es eine Art haben." Der Hahn ließ sich den Vorschlag gefallen, und sie gingen alle viere zusammen fort.

Sie konnten aber die Stadt Bremen in einem Tag nicht erreichen und kamen abends in einen Wald, wo sie übernachten wollten. Der Esel und der Hund legten sich unter einen großen Baum, die Katze und der Hahn machten sich in die Äste. Der Hahn aber flog bis in die Spitze, wo es am sichersten für ihn war. Ehe er einschlief, sah er sich noch einmal nach allen vier Winden um, da däuchte ihn, er sähe in der Ferne ein Fünkchen brennen und rief seinen Gesellen zu, es müsste nicht gar weit ein Haus sein, denn es scheine ein Licht. Sprach der Esel: „So müssen wir uns aufmachen und noch hingehen, denn hier ist die Herberge schlecht." Der Hund meinte, ein paar Knochen und etwas Fleisch dran, täten ihm auch gut. Also machten sie sich auf den Weg nach der Gegend, wo das Licht war und sahen es bald heller schimmern, und es ward immer größer, bis sie vor ein hell erleuchtetes Räuberhaus kamen. Der Esel, als der größte, näherte sich dem Fenster und schaute hinein. „Was siehst du, Grauschimmel?", fragte der Hahn. „Was ich sehe?", antwortete der Esel, „einen gedeckten Tisch mit schönem Essen und Trinken und Räuber sitzen daran und lassen's sich wohl sein." „Das wäre was für uns", sprach der Hahn. „Ja, ja, ach, wären wir da!", sagte der Esel. Da ratschlagten die Tiere, wie sie es anfangen müssten, um die Räuber hinauszujagen und fanden endlich ein Mittel. Der Esel musste sich mit den Vorderfüßen auf das Fenster stellen, der Hund auf des Esels Rücken springen, die Katze auf den Hund klettern, und endlich flog der Hahn hinauf und setzte sich der Katze auf den Kopf. Wie das geschehen war, fingen sie auf ein Zeichen insgesamt an, ihre Musik zu machen: der Esel schrie, der Hund bellte, die Katze miaute und der Hahn krähte. Dann stürzten sie durch das Fenster in die Stube hinein dass die Scheiben klirrten. Die Räuber fuhren bei dem entsetzlichen Geschrei in die Höhe, meinten nicht anders als ein Gespenst käme herein und flohen in größter Furcht in den Wald hinaus.

Nun setzten sich die vier Gesellen an den Tisch, nahmen mit dem vorlieb, was übrig geblieben war, und aßen, als wenn sie vier Wochen hungern sollten.

Wie die vier Spielleute fertig waren, löschten sie das Licht aus und suchten sich eine Schlafstätte, jeder nach seiner Natur und Bequemlichkeit. Der Esel legte sich auf den Mist, der Hund hinter die Türe, die Katze auf den Herd bei der warmen Asche und der Hahn setzte sich auf den Hahnenbalken. Und weil sie müde waren von ihrem langen Weg, schliefen sie auch bald ein. Als Mitternacht vorbei war und die Räuber von weitem sahen, dass kein Licht mehr im Haus brannte, auch alles ruhig schien, sprach der Hauptmann: „Wir hätten uns doch nicht sollen ins Bockshorn jagen lassen," und hieß einen hingehen und das Haus untersuchen. Der Abgeschickte fand alles still, ging in die Küche, ein Licht anzuzünden, und weil er die glühenden, feurigen Augen der Katze für lebendige Kohlen ansah, hielt er ein Schwefelhölzchen daran, dass es Feuer fangen sollte. Aber die Katze verstand keinen Spaß, sprang ihm ins Gesicht, spie und kratzte. Da erschrak er gewaltig, lief und wollte zur Hintertüre hinaus, aber der Hund, der da lag, sprang auf und biss ihn ins Bein. Und als er über den Hof an dem Miste vorbeirannte, gab ihm der Esel noch einen tüchtigen Schlag mit dem Hinterfuß. Der Hahn aber, der vom Lärmen aus dem Schlaf geweckt und munter geworden war, rief vom Balken herab: „Kikeriki!" Da lief der Räuber, was er konnte, zu seinem Hauptmann zurück und sprach: „Ach, in dem Haus sitzt eine gräuliche Hexe, die hat mich angehaucht und mit ihren langen Fingern mir das Gesicht zerkratzt und vor der Türe steht ein Mann mit einem Messer, der hat mich ins Bein gestochen und auf dem Hof liegt ein schwarzes Ungetüm, das hat mit einer Holzkeule auf mich losgeschlagen und oben auf dem Dache, da sitzt der Richter, der rief: ‚Bringt mir den Schelm her'. Da machte ich, dass ich fortkam". Von nun an getrauten sich die Räuber nicht weiter in das Haus. Den vier Bremer Musikanten gefiel's aber so wohl darin, dass sie nicht wieder heraus wollten. Und der das zuletzt erzählt hat, dem ist der Mund noch warm.

Volksmärchen, Kunstmärchen, Buchmärchen

Grundsätzlich unterscheidet man Volksmärchen und Kunstmärchen. Volksmärchen gehen nicht auf einen bestimmten Autor zurück, sondern beziehen sich auf tradierte Inhalte und Motive. Sie sind Märchen, die aus „dem Volk" stammen und für „das Volk" bestimmt sind. Kennzeichnend sind die einfache, volksnahe, oft dialektgefärbte Sprache und die lineare Erzählweise. Volksmärchen sind auf die jeweilige Erzählsituation abgestimmt und werden vom Märchenerzähler individuell erzählt.
Dem gegenüber steht das Kunstmärchen, das auf einen bestimmten Autor zurückgeht, der das Märchen entweder selbst erdacht hat, oder aber sprachlich bearbeitet und niedergeschrieben hat. Kunstmärchen sind individuelle Schöpfungen und ihr Stil und ihre Erzählweise sind wesentlich komplexer als beim Volksmärchen (z.B. sind sie oft metaphernreicher). Bekannte Autoren dieser Märchenerzählungen, die oft novellistische Züge tragen, sind Wilhelm Hauff (1802-1827), Hans Christian Andersen (1805-1875) oder Ludwig Tieck (1773-1853).

Hans Christian Andersen: Die Prinzessin auf der Erbse.

Es war einmal ein Prinz, der wollte eine Prinzessin heiraten, aber es sollte eine wirkliche Prinzessin sein. Da reiste er in der ganzen Welt herum, um eine solche zu finden, aber überall war da etwas im Wege. Prinzessinnen gab es genug, aber ob es wirkliche Prinzessinnen waren, konnte er nicht herausbringen, immer war etwas, was nicht in der Ordnung war. Da kam er wieder nach Hause und war ganz traurig, denn er wollte doch gern eine wirkliche Prinzessin haben.
Eines Abends zog ein furchtbares Wetter auf; es blitzte und donnerte, der Regen stürzte herunter, es war ganz entsetzlich. Da klopfte es an das Stadttor und der alte König ging hin, aufzumachen.
Es war eine Prinzessin, die draußen vor dem Tore stand. Aber wie sah sie vom Regen und dem bösen Wetter aus! Das Wasser lief ihr von den Haaren und Kleidern herunter und lief in die Schnäbel der Schuhe hin-

> ein und aus den Hacken wieder heraus und sie sagte, dass sie eine wirkliche Prinzessin sei.
> „Ja, das werden wir schon erfahren!", dachte die alte Königin, aber sie sagte nichts, ging in die Schlafkammer hinein, nahm alle Betten ab und legte eine Erbse auf den Boden der Bettstelle. Darauf nahm sie zwanzig Matratzen, legte sie auf die Erbse und dann noch zwanzig Eiderdaunenbetten oben auf die Matratzen.
> Da sollte nun die Prinzessin die ganze Nacht liegen.
> Am Morgen wurde sie gefragt, wie sie geschlafen habe.
> „O, schrecklich schlecht!", sagte die Prinzessin, „ich habe meine Augen die ganze Nacht nicht geschlossen! Gott weiß, was da im Bette gewesen ist. Ich habe auf etwas Hartem gelegen, sodass ich ganz braun und blau über meinem ganzen Körper bin! Es ist ganz entsetzlich!"
> Nun sahen sie wohl, dass es eine wirkliche Prinzessin war, da sie durch die zwanzig Matratzen und die zwanzig Eiderdaunenbetten die Erbse verspürt hatte. So empfindlich konnte niemand sein, außer einer wirklichen Prinzessin.
> Da nahm der Prinz sie zur Frau, denn nun wusste er, dass er eine wirkliche Prinzessin besitze. Und die Erbse kam auf die Kunstkammer, wo sie noch zu sehen ist, wenn sie niemand genommen hat.
> Sieh, das ist eine wahre Geschichte.

Die Märchen der Brüder Grimm werden gemeinhin den Volksmärchen zugeordnet, weil die Grimms sie so, wie sie im Volk erzählt wurden, aufzeichneten. Die Stoffe und Motive der Märchen stammen aus dem Volk und eigenen Angaben zufolge bemühten sich die Grimms die Märchen „so rein als möglich aufzufassen" (Vorrede vom 18. 10. 1810). Tatsächlich tragen die Grimmschen Märchen aber deutliche Züge der Bearbeitung. Insbesondere Wilhelm Grimm hat die Märchen immer wieder umgestaltet und sogar ursprünglich verschiedene Märchen zu neuen Märchen zusammengefasst (kontaminiert). Deshalb sprechen einige Forscher den Grimmschen Märchen eine mittlere Position zwischen Volks- und Kunstmärchen zu und haben dafür den Begriff Buchmärchen eingeführt (vgl. Karlinger 1983, S. 49). Weit verbreitet hat sich dieser Begriff allerdings nicht, obwohl man zugeben muss, dass der heute so berühmte Märchenton, in den

„bruchlos das Pädagogische" eingeht (Bausinger, zit. n. Dolle 1980, S. 168), tatsächlich von den Grimms eher geschaffen als vom Volk aufgenommen wurde. Veranschaulicht werden kann die Bearbeitungstätigkeit exemplarisch anhand des Anfangs des Aschenputtelmärchens der ersten Fassung von 1812 und der letzten Ausgabe von 1857, wobei zu berücksichtigen ist, dass auch die frühe Fassung schon eine von den Grimms bearbeitete Fassung ist:

Aschenputtel.	Aschenbuttel.
(KHM 21, Erstausgabe von 1812)	(KHM 21, letzte Ausgabe von 1857)
Es war einmal ein reicher Mann, der lebte lange Zeit vergnügt mit seiner Frau, und sie hatten ein einziges Töchterlein zusammen. Da ward die Frau krank, und als sie todtkrank ward, rief sie ihre Tochter und sagte: „liebes Kind, ich muß dich verlassen, aber wenn ich oben im Himmel bin, will ich auf dich herab sehen, pflanz ein Bäumlein auf mein Grab, und wenn du etwas wünschest, schüttele daran, so sollst du es haben, und wenn du sonst in Noth bist, so will ich dir Hülfe schicken, nur bleib fromm und gut." Nachdem sie das gesagt, that sie die Augen zu und starb; das Kind aber weinte und pflanzte ein Bäumlein auf das Grab und brauchte kein Wasser hin zu tragen, und es zu begießen, denn es war genug mit seinen Thränen. Der Schnee deckte ein weiß Tüchlein auf der Mutter Grab, und als die Sonne es wieder weggezogen hatte, und das Bäumlein zum zweitenmal grün geworden war, da	Einem reichen Manne dem wurde seine Frau krank, und als sie fühlte daß ihr Ende heran kam, rief sie ihr einziges Töchterlein zu sich ans Bett und sprach „liebes Kind, bleib fromm und gut, so wird dir der liebe Gott immer beistehen, und ich will vom Himmel auf dich herabblicken, und will um dich sein." Darauf that sie die Augen zu und verschied. Das Mädchen gieng jeden Tag hinaus zu dem Grabe der Mutter und weinte, und blieb fromm und gut. Als der Winter kam, deckte der Schnee ein weißes Tüchlein auf das Grab, und als die Sonne im Frühjahr es wieder herabgezogen hatte, nahm sich der Mann eine andere Frau. Die Frau hatte zwei Töchter mit ins Haus gebracht, die schön und weiß von Angesicht waren, aber garstig und schwarz von Herzen. Da gieng eine schlimme Zeit für das arme Stiefkind an. „Soll die dumme Gans bei uns in der Stube sitzen!" spra-

nahm sich der Mann eine andere Frau. Die Stiefmutter aber hatte schon zwei Töchter, von ihrem ersten Mann, die waren von Angesicht schön, von Herzen aber stolz und hoffährtig und bös. Wie nun die Hochzeit gewesen, und alle drei in das Haus gefahren kamen, da ging schlimme Zeit für das arme Kind an. „Was macht der garstige Unnütz in den Stuben, sagte die Stiefmutter, fort mit ihr in die Küche, wenn sie Brod essen will, muß sies erst verdient haben, sie kann unsere Magd seyn." Da nahmen ihm die Stiefschwestern die Kleider weg, und zogen ihm einen alten grauen Rock an: „der ist gut für dich!", sagte sie, lachten es aus und führten es in die Küche. Da mußte das arme Kind so schwere Arbeit thun: früh vor Tag aufstehen, Wasser tragen, Feuer anmachen, kochen und waschen und die Stiefschwestern thaten ihm noch alles gebrannte Herzeleid an, spotteten es, schütteten ihm Erbsen und Linsen in die Asche, da mußte es den ganzen Tag sitzen und sie wieder auslesen. Wenn es müd war. Abends kam es in kein Bett, sondern mußte sich neben dem Heerd in die Asche legen. Und weil es da immer in Asche und Staub herumwühlte und schmutzig aussah, gaben sie ihm den Namen *Aschenputtel*. […]	chen sie, „wer Brot essen will, muß es verdienen: hinaus mit der Küchenmagd." Sie nahmen ihm seine schönen Kleider weg, zogen ihm einen grauen alten Kittel an, und gaben ihm hölzerne Schuhe. „Seht einmal die stolze Prinzessin, wie sie geputzt ist!" riefen sie, lachten und führten es in die Küche. Da mußte es von Morgen bis Abend schwere Arbeit thun, früh vor Tag aufstehn, Wasser tragen, Feuer anmachen, kochen und waschen. Obendrein thaten ihm die Schwestern alles ersinnliche Herzeleid an, verspotteten es und schütteten ihm die Erbsen und Linsen in die Asche, so daß es sitzen und sie wieder auslesen mußte. Abends, wenn es sich müde gearbeitet hatte, kam es in kein Bett, sondern mußte sich neben den Herd in die Asche legen. Und weil es darum immer staubig und schmutzig aussah, nannten sie es *Aschenbuttel*. […]

Ein Vergleich zeigt, dass Wilhelm Grimm eine stilistische Umarbeitung und Vereinheitlichung vorgenommen hat. Sprachliche Holprigkeiten wurden entfernt, nebensächliche Äußerungen und unnötige Füllwörter gestrichen (vgl. Dolle 1980, S. 168). Anhand dieses Märchens lässt sich zeigen, „in wie vielen Wendungen Wilhelm Grimm [...] unaufdringlich aber deutlich [...] die Kinder an der Hand nimmt und zu den Vorgängen hinführt" (Bausinger, zit. n. ebd.). Der durchaus pädagogisch intendierte Grimmsche Märchenstil lässt sich in sprachlicher Hinsicht folgenderweise zusammenfassen (vgl. Freund 1996, S.189f., Karlinger 1983, S. 49f.):

- Es wird durchgehend im Präteritum erzählt, einzelne Situationen werden anschaulich ausgemalt.
- Bevorzugt wird ein einfacher, überschaubarer, nebenordnender Satzbau.
- Wiederholungen und Verdopplungen dienen der Steigerung des Ausdrucks.
- Fremdwörter werden vermieden, direkte und indirekte Rede sollen das Geschehen lebendiger darstellen.
- Es gibt eine Vorliebe für Verniedlichungen (Diminutivbildungen) und ältere, volkstümliche Wendungen und Formulierungen (Archaismen), die zu einer gewissen Poetisierung führen.
- Insgesamt bleibt zu berücksichtigen, dass die Grimms die Sprache ihrer Zeit und Umwelt sprachen, das heißt die Sprache der bürgerlichen Gesellschaft, die Sprache der deutschen Romantik.

Altersbezogene pädagogische und didaktische Hinweise im Anschluss an das Kapitel

a) Begib Dich auf Spurensuche: Wer waren die Brüder Grimm? Wo und wie haben sie gelebt? Was haben sie geleistet, außer dass sie die berühmten Märchen aufgezeichnet haben? – Hier ließe sich eine Bibliothek erkunden und das Recherchieren üben. Auf Landkarten könnten einzelne bedeutende Stationen gesucht und eingezeichnet werden. (Ab ca. 8 -12 Jahren)

b) Buchvorstellung: verschiedene Märchenbücher suchen, lesen, vergleichen und vorstellen: Tausendundeine Nacht, Kinder- und Hausmärchen, Romantische Kunstmärchen usw. (Ab ca. 10 Jahren)

c) Mach es wie die Grimms! Selber Märchen sammeln und ein eigenes Märchenbuch erstellen und illustrieren. (Ab 10 Jahren)

d) Ein Märchenmuseum besuchen oder vielleicht selbst eines konzipieren und erstellen. (Ab 8 Jahren, Adressen von Museen finden sich im Anhang D)

e) Werde selbst zum/r Märchenerzähler/in. Erfinde ein Kunstmärchen oder gestalte ein Volksmärchenstoff aus, das Du dann vorliest oder frei vorträgst. (Ab 6-8 Jahren)

f) Verschiedene Märchenfassungen miteinander vergleichen und sprachliche und inhaltliche Unterschiede erarbeiten. (Ab 10 Jahren)

g) Verschiedene Märchen oder Märchenmotive miteinander verschmelzen (kontaminieren) und so die Arbeitsweise der Brüder Grimm näher kennen zu lernen. Beispiel: Was passiert, wenn Rumpelstilzchen auf Rotkäppchen trifft? Zahlreiche weitere Beispiele finden sich auf den Märchen-CDs von „Hoersketch". (Ab ca. 8 Jahren)

Aschenputtel (KHM 21)

Einem reichen Manne dem wurde seine Frau krank, und als sie fühlte, dass ihr Ende herankam, rief sie ihr einziges Töchterlein zu sich ans Bett und sprach: „Liebes Kind, bleib fromm und gut, so wird dir der liebe Gott immer beistehen, und ich will vom Himmel auf dich herabblicken und will um dich sein." Darauf tat sie die Augen zu und verschied. Das Mädchen ging jeden Tag hinaus zu dem Grabe der Mutter und weinte und blieb fromm und gut. Als der Winter kam, deckte der Schnee ein weißes Tüchlein auf das Grab, und als die Sonne im Frühjahr es wieder herabgezogen hatte, nahm sich der Mann eine andere Frau.

Die Frau hatte zwei Töchter mit ins Haus gebracht, die schön und weiß von Angesicht waren, aber garstig und schwarz von Herzen. Da ging eine schlimme Zeit für das arme Stiefkind an. „Soll die dumme Gans bei uns in der Stube sitzen!", sprachen sie, „wer Brot essen will, muss es verdienen. Hinaus mit der Küchenmagd." Sie nahmen ihm seine schönen Kleider weg, zogen ihm einen grauen alten Kittel an und gaben ihm hölzerne Schuhe. „Seht einmal die stolze Prinzessin, wie sie geputzt ist!", riefen sie, lachten und führten es in die Küche. Da musste es von Morgen bis Abend schwere Arbeit tun, früh vor Tag aufstehn, Wasser tragen, Feuer anmachen, kochen und waschen. Obendrein taten ihm die Schwestern alles ersinnliche Herzeleid an, verspotteten es und schütteten ihm die Erbsen und Linsen in die Asche, so dass es sitzen und sie wieder auslesen musste. Abends, wenn es sich müde gearbeitet hatte, kam es in kein Bett, sondern musste sich neben den Herd in die Asche legen. Und weil es darum immer staubig und schmutzig aussah, nannten sie es Aschenputtel. Es trug sich zu, dass der Vater einmal in die Messe ziehen wollte, da fragte er die beiden Stieftöchter, was er ihnen mitbringen sollte? „Schöne Kleider", sagte die eine, „Perlen und Edelsteine", die zweite. „Aber du, Aschenputtel," sprach er, „was willst du haben?" „Vater, das erste Reis, das euch auf eurem Heimweg an den Hut stößt, das brecht für mich ab." Er kaufte nun für die beiden Stiefschwestern schöne Kleider, Perlen und Edelsteine. Und auf dem Rückweg, als er durch einen grünen Busch ritt, streifte ihn ein Haselreis und stieß ihm den Hut ab. Da brach er das Reis ab und nahm es mit. Als er nach Haus kam, gab er den Stieftöchtern, was sie sich gewünscht hatten und dem Aschenputtel gab er das Reis von dem Haselbusch. Aschen-

puttel dankte ihm, ging zu seiner Mutter Grab und pflanzte das Reis darauf und weinte so sehr, dass die Tränen darauf niederfielen und es begossen. Es wuchs aber und ward ein schöner Baum. Aschenputtel ging alle Tage dreimal darunter, weinte und betete. Und allemal kam ein weißes Vöglein auf den Baum, und wenn es einen Wunsch aussprach, so warf ihm das Vöglein herab, was es sich gewünscht hatte.
Es begab sich aber, dass der König ein Fest anstellte, das drei Tage dauern sollte und wozu alle schönen Jungfrauen im Lande eingeladen wurden, damit sich sein Sohn eine Braut aussuchen möchte. Die zwei Stiefschwestern, als sie hörten, dass sie auch dabei erscheinen sollten, waren guter Dinge, riefen Aschenputtel und sprachen: „Kämm uns die Haare, bürste uns die Schuhe und mache uns die Schnallen fest, wir gehen zur Hochzeit auf des Königs Schloss." Aschenputtel gehorchte, weinte aber, weil es auch gern zum Tanz mitgegangen wäre, und bat die Stiefmutter, sie möchte es ihm erlauben. „Du Aschenputtel," sprach sie, „bist voll Staub und Schmutz und willst zur Hochzeit? Du hast keine Kleider und Schuhe und willst tanzen!" Als es aber mit Bitten anhielt, sprach sie endlich: „Da habe ich dir eine Schüssel Linsen in die Asche geschüttet, wenn du die Linsen in zwei Stunden wieder ausgelesen hast, so sollst du mitgehen." Das Mädchen ging durch die Hintertüre nach dem Garten und rief: „Ihr zahmen Täubchen, ihr Turteltäubchen, all ihr Vöglein unter dem Himmel, kommt und helft mir lesen:

die guten ins Töpfchen,
die schlechten ins Kröpfchen."

Da kamen zum Küchenfenster zwei weiße Täubchen herein und danach die Turteltäubchen und endlich schwirrten und schwärmten alle Vöglein unter dem Himmel herein und ließen sich um die Asche nieder. Und die Täubchen nickten mit den Köpfchen und fingen an: pick, pick, pick, pick, und da fingen die übrigen auch an: pick, pick, pick, pick, und lasen alle guten Körnlein in die Schüssel. Kaum war eine Stunde herum, so waren sie schon fertig und flogen alle wieder hinaus. Da brachte das Mädchen die Schüssel der Stiefmutter, freute sich und glaubte, es dürfte nun mit auf die Hochzeit gehen. Aber sie sprach: „Nein, Aschenputtel, du hast keine Kleider und kannst nicht tanzen. Du wirst nur ausgelacht." Als es nun weinte, sprach sie: „Wenn du mir zwei Schüsseln voll Linsen in einer Stunde aus der Asche reinlesen kannst, so sollst du mitgehen", und dachte, „das kann es ja nimmermehr." Als sie die zwei Schüsseln Linsen in die Asche geschüttet hatte, ging das Mädchen durch die Hintertüre nach dem Garten und rief: „Ihr zahmen Täubchen, ihr Turteltäubchen, all ihr Vöglein unter dem Himmel, kommt und helft mir lesen:

die guten ins Töpfchen,
die schlechten ins Kröpfchen."

Da kamen zum Küchenfenster zwei weiße Täubchen herein und danach die Turteltäubchen, und endlich schwirrten und schwärmten alle Vöglein unter dem Himmel herein und ließen sich um die Asche nieder. Und die Täubchen nickten mit ihren Köpfchen und fingen an: pick, pick, pick, pick, und da fingen die übrigen auch an: pick, pick, pick, pick, und lasen alle guten Körner in die Schüsseln. Und eh eine halbe Stunde herum war, waren sie schon fertig, und flogen alle wieder hinaus. Da trug das Mädchen die Schüsseln zu der Stiefmutter, freute sich und glaubte nun dürfte es mit auf die Hochzeit gehen. Aber sie sprach: „Es hilft dir alles nichts. Du kommst nicht mit, denn du hast keine Kleider und kannst nicht tanzen. Wir müssten uns deiner schämen." Darauf kehrte sie ihm den Rücken zu und eilte mit ihren zwei stolzen Töchtern fort.
Als nun niemand mehr daheim war, ging Aschenputtel zu seiner Mutter Grab unter den Haselbaum und rief:

„Bäumchen, rüttel dich und schüttel dich,
wirf Gold und Silber über mich."

Da warf ihm der Vogel ein golden und silbern Kleid herunter und mit Seide und Silber ausgestickte Pantoffeln. In aller Eile zog es das Kleid an und ging zur Hochzeit. Seine Schwestern aber und die Stiefmutter kannten es nicht und meinten, es müsste eine fremde Königstochter sein, so schön sah es in dem goldenen Kleide aus. An Aschenputtel dachten sie gar nicht und dachten, es säße daheim im Schmutz und suchte die Linsen aus der Asche. Der Königssohn kam ihm entgegen, nahm es bei der Hand und tanzte mit ihm. Er wollte auch mit sonst niemand tanzen, also dass er ihm die Hand nicht losließ. Und wenn ein anderer kam, es aufzufordern, sprach er: „Das ist meine Tänzerin."

Es tanzte bis es Abend war, da wollte es nach Haus gehen. Der Königssohn aber sprach: „Ich gehe mit und begleite dich", denn er wollte sehen, wem das schöne Mädchen angehörte. Sie entwischte ihm aber und sprang in das Taubenhaus. Nun wartete der Königssohn, bis der Vater kam und sagte ihm, das fremde Mädchen wär in das Taubenhaus gesprungen. Der Alte dachte: „Sollte es Aschenputtel sein", und sie mussten ihm Axt und Hacken bringen, damit er das Taubenhaus entzwei schlagen konnte, aber es war niemand darin. Und als sie ins Haus kamen, lag Aschenputtel in seinen schmutzigen Kleidern in der Asche und ein trübes Öllämpchen brannte im Schornstein, denn Aschenputtel war geschwind aus dem Taubenhaus hinten herabgesprungen und war zu dem Haselbäumchen gelaufen. Da hatte es die schönen Kleider abgezogen und aufs Grab gelegt, und der Vogel hatte sie wieder weggenommen und dann hatte es sich in seinem grauen Kittelchen in die Küche zur Asche gesetzt.
Am andern Tag, als das Fest von neuem anhub, und die Eltern und Stiefschwestern wieder fort waren, ging Aschenputtel zu dem Haselbaum und sprach:

„Bäumchen, rüttel dich und schüttel dich,
wirf Gold und Silber über mich."

Da warf der Vogel ein noch viel stolzeres Kleid herab als am vorigen Tag. Und als es mit diesem Kleide auf der Hochzeit erschien, erstaunte jedermann über seine Schönheit. Der Königssohn aber hatte gewartet, bis es kam, nahm es gleich bei der Hand und tanzte nur allein mit ihm. Wenn die andern kamen und es aufforderten, sprach er: „Das ist meine Tänzerin." Als es nun Abend war, wollte es fort, und der Königssohn ging ihm nach und wollte sehen in welches Haus es ging, aber es sprang ihm fort in den Garten hinter dem Haus. Darin stand ein schöner großer Baum an dem die herrlichsten Birnen hingen. Es kletterte so behänd wie ein Eichhörnchen zwischen die Äste und der Königssohn wusste nicht, wo es hingekommen war. Er wartete aber, bis der Vater kam und sprach zu ihm: „Das fremde Mädchen ist mir entwischt und ich glaube, es ist auf den Birnbaum gesprungen." Der Vater dachte: „Sollte es Aschenputtel sein", ließ sich die Axt holen und hieb den Baum um, aber es war niemand darauf. Und als sie in die Küche kamen, lag Aschenputtel da in der Asche, wie sonst auch, denn es war auf der andern Seite vom Baum herabgesprungen, hatte dem Vogel auf dem Haselbäumchen die schönen Kleider wiedergebracht und sein graues Kittelchen angezogen.

Am dritten Tag, als die Eltern und Schwestern fort waren, ging Aschenputtel wieder zu seiner Mutter Grab und sprach zu dem Bäumchen:

„Bäumchen, rüttel dich und schüttel dich,
wirf Gold und Silber über mich."

Nun warf ihm der Vogel ein Kleid herab, das war so prächtig und glänzend, wie es noch keins gehabt hatte und die Pantoffeln waren ganz golden. Als es in dem Kleid zu der Hochzeit kam, wussten sie alle nicht, was sie vor Verwunderung sagen sollten. Der Königssohn tanzte ganz allein mit ihm und wenn es einer aufforderte, sprach er: „Das ist meine Tänzerin."

Als es nun Abend war, wollte Aschenputtel fort, und der Königssohn wollte es begleiten, aber es entsprang ihm so geschwind, dass er nicht folgen konnte. Der Königssohn hatte aber eine List gebraucht und hatte die ganze Treppe mit Pech bestreichen lassen. Da war, als es hinabsprang, der linke Pantoffel des Mädchens hängengeblieben. Der Königssohn hob ihn auf, und er war klein und zierlich und ganz golden. Am nächsten Morgen ging er damit zu dem Mann und sagte zu ihm: „Keine andere soll meine Gemahlin werden als die, an deren Fuß dieser goldene Schuh passt." Da freuten sich die beiden Schwestern, denn sie hatten schöne Füße. Die Älteste ging mit dem Schuh in die Kammer und wollte ihn anprobieren, und die Mutter stand dabei. Aber sie konnte mit der großen Zehe nicht hineinkommen, und der Schuh war ihr zu klein. Da reichte ihr die Mutter ein Messer und sprach: „Hau die Zehe ab! Wenn du Königin bist, so brauchst du nicht mehr zu Fuß zu gehen." Das Mädchen hieb die Zehe ab, zwängte den Fuß in den Schuh, verbiss den Schmerz und ging heraus zum Königssohn. Da nahm er sie als seine Braut aufs Pferd und ritt mit ihr fort. Sie mussten aber an dem Grabe vorbei. Da saßen die zwei Täubchen auf dem Haselbäumchen und riefen:

„Rucke di guck, rucke di guck,
Blut ist im Schuck (Schuh).

Der Schuck ist zu klein,
die rechte Braut sitzt noch daheim."

Da blickte er auf ihren Fuß und sah wie das Blut herausquoll. Er wendete sein Pferd um, brachte die falsche Braut wieder nach Haus und sagte, das wäre nicht die rechte, die andere Schwester sollte den Schuh anziehen. Da ging diese in die Kammer und kam mit den Zehen glücklich in den Schuh, aber die Ferse war zu groß. Da reichte ihr die Mutter ein Messer und sprach: „Hau ein Stück von der Ferse ab! Wenn du Königin bist, brauchst du nicht mehr zu Fuß zu gehen." Das Mädchen hieb ein Stück von der Ferse ab, zwängte den Fuß in den Schuh, verbiss den Schmerz und ging heraus zum Königssohn. Da nahm er sie als seine Braut aufs Pferd und ritt mit ihr fort. Als sie an dem Haselbäumchen vorbeikamen, saßen die zwei Täubchen darauf und riefen:

„Rucke di guck, rucke di guck,
Blut ist im Schuck (Schuh).
Der Schuck ist zu klein,
die rechte Braut sitzt noch daheim."

Er blickte nieder auf ihren Fuß und sah wie das Blut aus dem Schuh quoll und an den weißen Strümpfen ganz rot heraufgestiegen war. Da wendete er sein Pferd und brachte die falsche Braut wieder nach Haus. „Das ist auch nicht die rechte," sprach er, „habt ihr keine andere Tochter?" „Nein," sagte der Mann, „nur von meiner verstorbenen Frau ist noch ein kleines verbuttetes Aschenputtel da. Das kann unmöglich die Braut sein." Der Königssohn sprach, er sollte es heraufschicken, die Mutter aber antwortete: „Ach nein, das ist viel zu schmutzig, das darf sich nicht sehen lassen." Er wollte es aber durchaus haben, und Aschenputtel musste gerufen werden. Da wusch es sich erst Hände und Angesicht rein, ging dann hin und neigte sich vor dem Königssohn, der ihm den goldenen Schuh reichte. Dann setzte es sich auf einen Schemel, zog den Fuß aus dem schweren Holzschuh und steckte ihn in den Pantoffel, der war wie angegossen. Und als es sich in die Höhe richtete und der König ihm ins Gesicht sah, so erkannte er das schöne Mädchen, das mit ihm getanzt hatte und rief: „Das ist die rechte Braut!" Die Stiefmutter und die beiden Schwestern erschraken und wurden bleich vor Ärger. Er aber nahm Aschenputtel aufs Pferd und ritt mit ihm fort.

Als sie an dem Haselbäumchen vorbei kamen, riefen die zwei weißen Täubchen:

„Rucke di guck, rucke di guck,
kein Blut im Schuck:
der Schuck ist nicht zu klein,
die rechte Braut, die führt er heim."

Und als sie das gerufen hatten, kamen sie beide herab geflogen und setzten sich dem Aschenputtel auf die Schultern, eine rechts, die andere links und blieben da sitzen.
Als die Hochzeit mit dem Königssohn sollte gehalten werden, kamen die falschen Schwestern, wollten sich einschmeicheln und Teil an seinem Glück nehmen. Als die Brautleute nun zur Kirche gingen, war die älteste zur rechten, die jüngste zur linken Seite. Da pickten die Tauben einer jeden das eine Auge aus. Hernach als sie heraus gingen, war die älteste zur linken und die jüngste zur rechten. Da pickten die Tauben einer jeden das andere Auge aus. Und waren sie also für ihre Bosheit und Falschheit mit Blindheit auf ihr Lebtag gestraft.

IV. Stichpunkte zur Geschichte der Märchenpädagogik
Die erste Hälfte des 19. Jahrhunderts

Das 18. Jahrhundert wird heute rückblickend als das „pädagogische Jahrhundert" bezeichnet (vgl. Gudjons 1999, S. 84). Vor allem gegen Ende des Jahrhunderts waren die Aufklärungsphilosophie und die damit verbundenen pädagogischen Ambitionen von großer Bedeutung. 1779 erhielt Ernst Christian Trapp in Halle den ersten Lehrstuhl für Pädagogik, 1794 wurde in Preußen die Schulpflicht eingeführt und zwischen 1770 und 1830 entstanden die meisten wichtigen klassischen, idealistischen und neuhumanistischen Texte zur Bildungsphilosophie (vgl. Klafki 1996, S. 15ff.). Im ausgehenden 18. Jahrhundert wurde die pädagogische Bedeutung der Kindheit entdeckt und damit begonnen, Erziehungs- und Bildungsinstitutionen flächendeckend aufzubauen, ein Bestreben, das sich im 19. Jahrhundert fortsetzte. Das „pädagogische Jahrhundert" (18. Jh.) wurde von dem „noch pädagogischeren 19. Jahrhundert" abgelöst. Eine Fülle von Erziehungsratgebern wurde publiziert und an den Universitäten wurde zunehmend pädagogisch geforscht. Die Pädagogik war an der Aufklärung orientiert und basierte ihrem Anspruch nach auf dem Moment des Rationalen und Vernünftigen. Dementsprechend hatte auch die Literatur der Aufklärung vor allem bildende Funktion. Sie sollte, wie bei Gotthold Ephraim Lessing (1729-1781), belehren und nützlich sein. Wichtige Gattungen waren das bürgerliche Schauspiel und Fabeln. Die literarische Form des Märchens wurde wegen seiner irrationalen Momente abgelehnt.
Bald entwickelte sich aber eine Gegenbewegung zur einseitigen Rationalitätsauffassung der Aufklärung und zur Formstrenge der deutschen Klassik, zu deren Hauptvertretern Johann Wolfgang Goethe (1749-1832) und Friedrich Schiller (1759-1805) zählten: die Romantik. Die Märchengattung wurde wieder in den Mittelpunkt gerückt und sogar „zur tiefsten Weisheit erklärt, im

schärfsten Gegensatz zur Aufklärung, für die das Märchen das törichteste, kindischste Geschöpf der ganzen Poesie war" (Reble 1969, S. 166). Besonders deutlich wird dies durch das programmatische Gedicht „Wenn nicht mehr Zahlen und Figuren" (1802) von Georg Philipp Friedrich von Hardenberg, bekannt unter dem Namen Novalis (1772-1801):

Novalis
Wenn nicht mehr Zahlen und Figuren

Wenn nicht mehr Zahlen und Figuren
Sind Schlüssel aller Kreaturen,
Wenn die, so singen oder küssen,
mehr als die Tiefgelehrten wissen,
Wenn sich die Welt ins freie Leben
Und in die Welt wird zurückgegeben,
Wenn dann sich wieder Licht und Schatten
Zu echter Klarheit werden gatten
Und man in Märchen und Gedichten
Erkennt die wahren Weltgeschichten,
Dann fliegt vor einem geheimen Wort
Das ganze verkehrte Wesen fort.

(zit. n. Conrady 2006, S. 237)

Als die Grimms mit ihrem Märchenprojekt begannen, sahen sie die Gattung noch nicht vornehmlich als eine charakteristische Form von Kinderliteratur an. Sie sahen ähnlich wie Novalis darin „den Niederschlag uralter, wenn auch umgestalteter und zerbröckelter Mythen" (Grimm 1854, Vorrede zu Karadschitschs „Volksmärchen der Serben", zit. n. Lüthi 2004, S. 63). Jacob Grimm, der Märchen für Erwachsene bestimmt sah, verwahrte sich in einem Brief an Achim von Arnim von 1813 gegen die Unterstellung kinderpädagogischer Absichten in Zusammenhang ihrer Märchensammeltätigkeit: „Sind denn diese Kindermärchen für Kinder erdacht und erfunden? Ich glaube dies so wenig, als ich die allgemeinere Frage nicht bejahen werde: ob man überhaupt für Kinder etwas eigenes einrichten müsse?" (J. Grimm, zitiert nach Richter 2002, Sp. 473). Sein Bruder Wilhelm aber gestaltete das Märchenbuch von der zweiten Auflage an bewusst als ein Kinderbuch, ungeachtet der Forderung Jacobs einer möglichst „buchstabengetreuen" Aufzeichnung „ohne Schminke und Zutat" (zit. n. Lüthi 2004, S. 54):

> „Das ist der Grund, warum wir durch unsere Sammlung nicht bloß der Geschichte der Poesie und Mythologie einen Dienst erweisen wollten, sondern es zugleich Absicht war, daß die Poesie selbst, die darin lebendig ist, wirke und erfreue, wen sie erfreuen kann, also auch, daß es als ein Erziehungsbuch diene." (Grimm/Grimm 1819/2008, S. 16f.).

Der Titel „Kinder- und Hausmärchen" ist demnach bewusst gewählt worden. Und in der Einleitung der zweiten Ausgabe wird auf die pädagogische Bedeutung der Märchen erneut Bezug genommen. Sie lasse sich der allgemeinen romantischen Auffassung gemäß aus der poetischen Qualität ableiten (vgl. Richter 2002, S. 473):

> „Jede wahre Poesie ist der mannigfaltigsten Auslegung fähig, denn da sie aus dem Leben aufgestiegen ist, kehrt sie auch immer wieder zu ihm zurück; sie trifft uns wie das Sonnenlicht, wo wir auch stehen; darin ist es gegründet, wenn sich so leicht aus diesen Märchen eine gute Lehre, eine Anwendung für die Gegenwart ergibt; es war weder ihr Zweck, noch sind sie, wenige ausgenommen, deshalb entstanden, aber es erwächst daraus, wie eine gute Frucht aus einer gesunden Blüte, ohne Zuthun der Menschen." (Grimm/Grimm 1819/1985, S. 195)

Trotz der hier dargelegten Auffassung werden vor allem von Wilhelm anstößige Stellen zunehmend ausgemerzt und einige Märchen absichtlich ethisiert (vgl. Lüthi 2004, S. 55). Gleichwohl wäre es verfehlt zu behaupten, die Grimms würden die Volksmärchen auf platte Art und Weise von Derbheiten befreien und im Sinne einer affirmativen moralischen Erziehungsauffassung abändern. Zwar befinden sich die Brüder dadurch, dass sie die Märchen umgestalten, teilweise im Widerspruch zu ihrem poetologischen Anspruch nach einer originalgetreuen Überlieferung, sie sprechen sich aber zugleich gegen die Darstellung ausschließlich moralisch einwandfreier Figuren und Handlungen aus (vgl. Dolle, 1980, S. 167).

So ist es dann auch kein Widerspruch, dass die *Kinder- und Hausmärchen* bald nach Erscheinen aufgrund ihrer fehlenden Kindgemäßheit kritisiert wurden. Achim von Arnim beanstandete etwa vor allem die Märchen *Von dem Fischer und syner Frau* (KHM 19), *Das Rätsel* (KHM 22) und *Die Hochzeit der Frau Füchsin* (KHM 38). Nicht unbeeinflusst von dieser Kritik haben die Brüder Grimm ihre Texte für die nachfolgenden Auflagen zunehmend pädagogisiert, indem sie einzelne Märchen enterotisiert (z.B. *Der Froschkönig*, KHM 1) und andere religiös akzentuiert haben (z.B. *Das Marienkind*, KHM 3).

Die zunehmende Orientierung der Märchen am Kinde ist im Zusammenhang mit der Entstehung der neuen, romantisch bedingten Auffassung von Kindheit zu betrachten, wie sie nicht zuletzt von Jean Jacques Rousseau vorbereitet wurde (vgl. auch Ariès 1975). Es ist allerdings zu berücksichtigen, dass während des 19. Jahrhunderts Märchen weiterhin meist mündlich überliefert und mitgeteilt wurden. Auch wenn sich die *Kinder- und Hausmärchen* der Grimms rasch verbreiteten, konnten sie ihre Wirkung aufgrund ihrer sprachlichen pädagogischen Gestaltung zunächst allenfalls in den gehobenen Schichten entfalten. Der größte Teil der Bevölkerung bestand aus Bauern, die in der Regel weder lesen noch schreiben, geschweige denn sich Bücher leisten konnten. In diesen Haushalten hat man sich sicherlich auch Märchen erzählt, aber ohne eine „von oben" gesteuerte didaktische Aufbereitung, während die Grimmschen Märchenbücher zunächst vor allem in der Schicht des wohlhabenden Bürgertums Verbreitung fanden.

Daher kann man sagen, dass bis Mitte des 19. Jahrhunderts vor allem die in den Märchen direkt vermittelten Tugenden bedeutsam waren. Beispielhaft hierfür sind *Rotkäppchen* und *Der Wolf und die sieben Geißlein*, die als typische Lehrmärchen für Kinder gelten, da sie nicht nur unterhaltsam sein sollen, sondern auch mit dem Mittel der Angst Kinder vom erwünschten Verhalten abbringen wollen.

Vom Hühnchen und Hähnchen (von Ludwig Bechstein)

Es war einmal ein Hühnchen und ein Hähnchen, die gingen miteinander auf den Nussberg und suchten sich Nüsschen. Das Hähnchen sprach zum Hühnchen: „Wenn Du ein Nüsschen findest, iss es ja nicht allein, gib mir die Hälfte davon, sonst erwürgst du." Aber das Hühnchen hatte ein Nüsschen gefunden und es allein gegessen, und der Kern war in seinem Hälschen stecken geblieben, dass es im Erwürgen war und ängstlich rief: „Hähnchen, Hähnchen, hol' mir geschwind ein wenig Brunnen, ich erwürge sonst!" Da lief das Hähnchen flugs zum Brunnen, und sprach: „Brunn', Brunn', gib mir Brunn', dass ich den Brunn' meinem Hühnchen geb', es liegt oben auf dem Nussberg und will ersticken." Und der Brunnen sprach: „Erst geh hin zur Braut und hole mir den Kranz!" Da lief das Hähnchen hin zur Braut und sprach: „Braut, Braut, gib mir den Kranz, dass ich den Kranz dem Brunnen geb', dass mir der Brunnen Brunnen gibt, dass ich den Brunnen meinem Hühnchen geb', es liegt oben auf dem Nussberge und will erwürgen." Aber die Braut sprach: „Erst geh hin zum Schuster und hole mir Schuhe." Und wie das Hähnchen zum Schuster kam, sprach dieser: „Erst geh hin zur Sau und hole mir Schmeer." Und die Sau sprach: „Erst gehe hin zur Kuh und hole mir Milch." Und die Kuh sprach: „Erst geh hin zur Wiese und hole mir Gras!" - Wie nun das Hähnchen zur Wiese kam und sie um Gras bat, war diese gütig, und gab ihm viele Blumen und Gras, dieses gab geschwinde das Hähnchen der Kuh und erhielt Milch dafür, und für die Milch tat auch das Schwein von seinem Fett her und damit schmierte der Schuster sein Leder und machte flugs die Schuhe der Braut. Und gegen die Schuhe tat freundlich die Braut den Kranz her und das Hähnchen reichte denselben dem Brunnen. Und dieser sprudelte sogleich sein klares Wasser heraus in das Gefäßchen, welches das Hähnchen unterhielt. Im schnellen Lauf kehrte nun das Hähnchen zurück zum Nussberg. Aber wie es zum Hühnchen kam, war dasselbe unterdessen erwürgt. Da kikirikite das Hähnchen vor Schmerz hellauf, das hörten alle Tiere in der Nachbarschaft, die liefen herbei und weinten um das Hühnchen. Und da bauten sechs Mäuselein einen Trauerwagen. Darauf legten sie das tote Hühnchen und spannten sich davor und zogen den Wagen fort. Wie sie nun, das Hähnchen, das tote Hühnchen, die Mäuslein und der Trauerwagen so auf dem Wege waren, da kam der Fuchs hinterdrein und fragte: „Wo willst du hin, Hähnchen?" – „Ich will mein Hühnchen begraben!" – „Das will ich tun, du Narr!", rief der Fuchs, fraß das Hühnchen, weil es noch nicht lange tot war und begrub's in seinen Magen. Da trauerte das Hähnchen und rief: „So wünsch ich mir den Tod, um bei meinem Hühnchen zu sein." – „Soll so sein!", sprach der Fuchs, und fraß das Hähnchen, dass es zu seinem Hühnchen kam. Da weinten die Mäuselein um das Hähnchen und da dachte der Fuchs, sie wollten auch tot sein und schlang sie hinter. Weil aber die Mauslein an den Wagen gespannt waren, so schlang er auch den Wagen mit hinunter und da stieß ihm die Deichsel das Herz ab, dass er Länge lang hinfiel und alle Viere von sich streckte. Da flog ein Vöglein auf einen Lindenzweig und sang: „Fuchs ist mausetot! Fuchs ist mausetot."

Das späte 19. und frühe 20. Jahrhundert

Die erste didaktische Aufbereitung von Märchen für den Schulunterricht nimmt Tuiskon Ziller (1817-1882) 1869 im Anschluss an die Vorstellungen von Johann Friedrich Herbart (1776-1841) vor. Ziller dominiert damit die Märchendidaktik bis ins frühe 20. Jahrhundert (vgl. auch im Folgenden: Dolle, 1980, S. 171ff.). Er geht davon aus, dass das Kind in seiner Entwicklung die kulturhistorischen Stufen der Menschheitsgeschichte durchlaufen müsse. Eine dieser Stufen bilden auch bestimmte Märchen, die als „Konzentrationsstoff" für das erste Schuljahr eingesetzt werden. Diese sollen aber nicht bloß vorgelesen werden, sondern „müssen an der Spitze des Gesinnungsunterrichts an der Elementarschule stehen und in solchem Zusammenhang auftreten, daß die

Aufeinanderfolge ihrer synthetischen Gesinnungselemente der natürlichen Fortbildung des kindlichen Gedankenkreises entspricht" (Ziller 1884, zit. n. Dolle 1980, S. 172). Ziller glaubt damit eine wissenschaftlich fundierte Steuerung der kindlichen Lern- und Bewusstseinsprozesse vornehmen zu können, deren Reihenfolge gemäß der → Formalstufenlehre nach Herbart eindeutig fixiert ist. Der hierfür festgelegte Märchenkanon besteht aus folgenden Märchen:

Die Sterntaler (KHM 153)
Die drei Faulen (KHM 151)
Die drei Spinnerinnen (KHM 14)
Strohhalm, Kohle und Bohne (KHM 18)
Der Wolf und die sieben jungen Geißlein (KHM 5)
Hühnchen und Hähnchen (von Ludwig Bechstein)
Der Wolf und der Fuchs (KHM 73)
Das Lumpengesindel (KHM 10)
Die Bremer Stadtmusikanten (KHM 27)
Der Zaunkönig und der Bär (KHM 102)
Fundevogel (KHM 51)
Der Arme und der Reiche (KHM 87)

Die Sterntaler (KHM 153)

Es war einmal ein kleines Mädchen, dem war Vater und Mutter gestorben, und es war so arm, dass es kein Kämmerchen mehr hatte, darin zu wohnen und kein Bettchen mehr, darin zu schlafen und endlich gar nichts mehr als die Kleider auf dem Leib und ein Stückchen Brot in der Hand, das ihm ein mitleidiges Herz geschenkt hatte. Es war aber gut und fromm. Und weil es so von aller Welt verlassen war, ging es im Vertrauen auf den lieben Gott hinaus ins Feld. Da begegnete ihm ein armer Mann, der sprach: „Ach, gib mir etwas zu essen, ich bin so hungrig." Es reichte ihm das ganze Stückchen Brot und sagte: „Gott segne dir's", und ging weiter. Da kam ein Kind das jammerte und sprach: „Es friert mich so an meinem Kopfe, schenk mir etwas, womit ich ihn bedecken kann." Da tat es seine Mütze ab und gab sie ihm. Und als es noch eine Weile gegangen war, kam wieder ein Kind und hatte kein Leibchen an und fror. Da gab es ihm seins und noch weiter. Da bat eins um ein Röcklein, das gab es auch von sich hin. Endlich gelangte es in einen Wald, und es war schon dunkel geworden, da kam noch eins und bat um ein Hemdlein und das fromme Mädchen dachte: „Es ist dunkle Nacht, da sieht dich niemand. Du kannst wohl dein Hemd weg geben", und zog das Hemd ab und gab es auch noch hin. Und wie es so stand und gar nichts mehr hatte, fielen auf einmal die Sterne vom Himmel und waren lauter harte blanke Taler. Und ob es gleich sein Hemdlein weggegeben, so hatte es ein neues an, und das war vom allerfeinsten Linnen. Da sammelte es sich die Taler hinein und war reich für sein Lebtag.

Stichwort Formalstufenlehre: Herbart unterteilte ab 1806 das Unterrichtsgeschehen in eine Abfolge von vier Stufen: Klarheit, Assoziation, System und Methode. Zunächst muss der Schüler verstehen und erfassen, worum es geht. Es geht auf der ersten Stufe um die Klarheit der Vorstellungen, die der Lernende als Voraussetzung in den Unterricht mitbringt. Auf der zweiten Stufe, der Assoziation, müssen die zunächst noch isolierten Einzelteile miteinander verbunden werden: die alten Vorstellungsmomente werden mit neuen assoziiert. Bei der dritten Stufe kommt es in der neuen Vorstellung zu einer systematischen Einordnung innerhalb eines Systems von Begriffen. Auf der abschließenden Stufe, die Methode genannt wird, erreicht der Vorgang sein Ziel, der Lerngewinn wird angewendet. Aus der Formalstufenlehre, die von Herbarts Schülern weiterentwickelt wurde, ergibt sich eine bestimmte Abfolge von festgelegten Unterrichtsschritten, die sogenannte „Artikulation" des Unterrichts. Die strenge Einhaltung dieser Stufenabfolge wurde allerdings später vor allem von der → reformpädagogischen Bewegung scharf kritisiert.

Seit Mitte des 19. Jahrhunderts scheint man nicht mehr auf die ausschließlich „natürlichen Erziehungskräfte" des Märchens wie noch zu Grimms Zeiten zu vertrauen. Märchen sollen nicht mehr allein der unkontrollierten häuslichen Vermittlung überlassen werden, ja, es wird sogar vor der Gefährlichkeit von Märchenphantasien gewarnt:

> „Die Märchenwelt [...] muß den Kindern der Armen verschlossen bleiben; sie dürfen sich nicht nach wohltätigen Feen sehnen, nicht nach den Gaben eines Zauberstabs, nicht nach Gold- und Silberpalästen [...]. Man hüte sich, in den Kinderherzen Wünsche zu erwecken, die das Leben nicht gewähren kann, in der Kinderbrust ein Sehnen einzupflanzen, welches sie mit den gegebenen Verhältnissen unzufrieden macht." (aus einer Anweisung für Kinderbewahranstalten, zit. nach Dolle 1980, S. 173.)

Märchen und Märchenpädagogik sind damit in doppelter Weise mit der „schwarzen Pädagogik" (vgl. Rutschky 1977) verstrickt. Einerseits gibt es Tendenzen, dass Kinder vor bestimmten Märchen bewahrt werden sollen, und zwar dann, wenn sie Sehnsüchte oder Glücksvorstellungen wecken könnten. Andererseits gibt es bestimmte Märchen, die durch ihre unverblümten erzieherischen Absichten äußerst repressiv wirken. Ein berüchtigtes Beispiel hierfür ist das kurze Märchen „Das eigensinnige Kind" (KHM 117):

Das eigensinnige Kind (KHM 117)

Es war einmal ein Kind eigensinnig und hat nicht, was seine Mutter haben wollte. Darum hatte der liebe Gott kein Wohlgefallen an ihm und ließ es krank werden. Und kein Arzt konnte ihm helfen und in kurzem lag es auf dem Totenbettchen. Als es nun ins Grab versenkt und Erde über es hingedeckt war, so kam auf einmal sein Ärmchen wieder hervor und reichte in die Höhe. Und wenn sie es hineinlegten und frische Erde darüber taten, so half das nicht, und das Ärmchen kam immer wieder heraus. Da musste die Mutter selbst zum Grabe gehn und mit der Rute aufs Ärmchen schlagen. Und wie sie das getan hatte, zog es sich hinein, und das Kind hatte nun erst Ruhe unter der Erde.

Reformpädagogik

Im Zuge pädagogischer Reformbestrebungen der → Kunsterziehungsbewegung wenden sich um die Jahrhundertwende Lehrer gegen die bis dahin weit verbreitete Herbart-Zillersche Methode. Einerseits wird die stoffliche Zergliederung kritisiert, andererseits soll das Märchen als Kunstwerk, d.h. ästhetisch betrachtet und nicht nur lehrhaft-moralisierend vermittelt werden. Es entstehen in der Folgezeit in der Kunsterziehungsbewegung verschiedene weltanschauliche und politische Richtungen, die Dolle grob in zwei ideologische Hauptrichtungen unterteilt (Dolle 1984, S. 175f.): Zum einen gibt es ein Aufbegehren gegen die schulische „Vermittlung extremer Ausprägungen bürgerlicher Ideologie" (ebd.). Damit ist der wachsende Einfluss der Arbeiterbewegung gemeint, zum Teil auch Sozialdemokraten und eher selten konsequente Marxisten. Ihre Vertreter wollen, dass Märchen wegen ihrer Kindgemäßheit und wegen ihres literarischen Wertes vermittelt werden. Zum anderen gesellt sich hierzu die Auffassung vom Märchen als nationalem Bildungswert und spezifischen Ausdruck deutschen Volkstums, eine Auffassung, die etwa seit den 1920er Jahren dominierend wurde.

Schließlich entwickelt sich auch die anthroposophische Märchenauffassung, die Märchen zu zentralen Medien des Weltverstehens erklärt. Die anthroposophische Pädagogik ist die von Rudolf Steiner (1861-1925) begründete Erziehungslehre, die den Waldorfeinrichtungen (Kindergärten und Schulen) zugrunde liegt. Dieser Lehre zufolge entwickelt sich der Mensch in Rhythmen von je etwa sieben Jahren. In den ersten sieben Jahren werden vor allem der physische Leib und die Sinne entwickelt. Dabei nimmt das Kind die Welt durch Nachahmung in sich auf. Märchen spielen im schulischen Lehrplan, der als „Kulturstufenplan" verstanden wird, zu Beginn des zweiten Lebensjahrsiebt eine große Rolle. Im ersten Schuljahr dominieren Märchen und „Naturgeschichten in Märchenstimmung" als Erzählstoff. Kaiser und Schmidt sagen, dass es „kaum vergleichbare Erzählformen" gebe, „welche den

Ursprung und die Seelenpfade des Menschen wahrer schildern können und zugleich die in ihm schlummernden moralischen Kräfte besser zu stärkten vermögen als das Märchen" (zit. n. Lippert 2001, S. 173). Von Waldorfpädagogen wird großer Wert darauf gelegt, die Märchen nicht zu erklären, denn sie sollen, so Steiner selbst, nicht „begriffsmäßig wirken", sondern den ganzen Menschen erfassen (zit. n. ebd. S. 175). Im Mittelpunkt stehen auch hier vorwiegend die Grimmschen Märchen.

> **Stichwort Reformpädagogik:** Bezeichnung für eine internationale pädagogische Erneuerungsbewegung von der Jahrhundertwende bis zur Zeit des Nationalsozialismus. Die Reformpädagogik besteht aus vielen einzelnen Strömungen, z.B. die Jugendbewegung, die Kunsterziehungsbewegung und die Persönlichkeits- und Erlebnispädagogik. Die Grundauffassungen der einzelnen reformpädagogischen Ansätze gehen zum Teil sehr weit auseinander, aber es gilt folgendes Grundanliegen dieser „Reform von unten" (Die Pädagogik 1989, S. 315.): Bei der Erziehung soll es nicht ausschließlich um eine rein intellektuelle oder wissenschaftliche Ausbildung gehen, sondern die Selbsttätigkeit und Selbstbestimmung, die Aktivität und Spontaneität und Phantasie des Einzelnen und der Gruppe gefördert werden.

> **Stichwort Kunsterziehungsbewegung:** Die Kunsterziehungsbewegung entwickelte sich seit dem ausgehenden 19. Jahrhundert und hat die Reformpädagogik nachhaltig beeinflusst. Sie strebte eine Erneuerung der Erziehung aus dem Geist der Kunst an. Im Vordergrund standen eine Erziehung zur ästhetischen Genussfähigkeit und die Entfaltung der schöpferischen Kräfte des Kindes.

Der Zaunkönig und der Bär (KHM 102)

Zur Sommerszeit gingen einmal der Bär und der Wolf im Wald spazieren, da hörte der Bär so schönen Gesang von einem Vogel und sprach: „Bruder Wolf, was ist das für ein Vogel, der so schön singt?" „Das ist der König der Vögel", sagte der Wolf, „vor dem müssen wir uns neigen." Es war aber der Zaunkönig. „Wenn das ist", sagte der Bär, „so möcht' ich auch gerne seinen königlichen Palast sehen. Komm und führe mich hin." „Das geht nicht so, wie du meinst", sprach der Wolf, „du musst warten, bis die Frau Königin kommt." Bald darauf kam die Frau Königin und hatte Futter im Schnabel und der Herr König auch und wollten ihre Jungen ätzen. Der Bär wäre gerne nun gleich hinterdrein gegangen, aber der Wolf hielt ihn am Ärmel und sagte: „Nein, du musst warten, bis Herr und Frau Königin wieder fort sind." Also nahmen sie das Loch in Acht, wo das Nest stand und trabten wieder ab. Der Bär aber hatte keine Ruhe, wollte den königlichen Palast sehen und ging nach einer kurzen Weile wieder vor. Da waren König und Königin richtig ausgeflogen. Er guckte hinein und sah fünf oder sechs Junge, die lagen darin. „Ist das der königliche Palast?", rief der Bär, „das ist ein erbärmlicher Palast! Ihr seid auch keine Königskinder, ihr seid unehrliche Kinder." Wie das die jungen Zaunkönige hörten, wurden sie gewaltig bös und schrien: „Nein, das sind wir nicht, unsere Eltern sind ehrliche Leute. Bär, das soll ausgemacht werden mit dir." Dem Bär und dem Wolf ward Angst, sie kehrten um und setzten sich in ihre Höhlen. Die jungen Zaunkönige aber schrien und lärmten fort und als ihre Eltern wieder Futter brachten, sagten sie „wir rühren kein Fliegenbeinchen an, und sollten wir verhungern, bis ihr erst ausgemacht habt, ob wir ehrliche Kinder sind oder nicht. Der Bär ist da gewesen und hat uns gescholten." Da sagte der alte König: „Seid nur ruhig, das soll ausgemacht werden." Flog darauf mit der Frau Königin dem Bären vor seine Höhle und rief hinein: „Alter Brummbär, warum hast du meine Kinder gescholten? Das soll dir übel bekommen, das wollen wir in einem blutigen Krieg ausmachen." Also war dem Bären der Krieg angekündigt, und ward alles vierfüßige Getier berufen: Ochs, Esel, Rind, Hirsch, Reh und was die Erde sonst alles trägt. Der Zaunkönig aber berief alles, was in der Luft fliegt; nicht allein die Vögel groß und klein, sondern auch die Mücken, Hornissen, Bienen und Fliegen mussten herbei. Als nun die Zeit kam, wo der Krieg angehen sollte, da schickte der Zaunkönig

Kundschafter aus, wer der kommandierende General des Feindes wäre. Die Mücke war die listigste von allen, schwärmte im Wald, wo der Feind sich versammelte und setzte sich endlich unter ein Blatt auf den Baum, wo die Parole ausgegeben wurde. Da stand der Bär, rief den Fuchs vor sich und sprach: „Fuchs, du bist der schlauste unter allem Getier, du sollst General sein und uns anführen." „Gut", sagte der Fuchs, „aber was für Zeichen wollen wir verabreden?" Niemand wusste es. Da sprach der Fuchs: „Ich habe einen schönen langen buschigen Schwanz, der sieht aus fast wie ein roter Federbusch. Wenn ich den Schwanz in die Höhe halte, so geht die Sache gut und ihr müsst darauf los marschieren. Lass ich ihn aber herunterhängen, so lauft, was ihr könnt." Als die Mücke das gehört hatte, flog sie wieder heim und verriet dem Zaunkönig alles haarklein. Als der Tag anbrach, wo die Schlacht sollte geliefert werden, hu, da kam das vierfüßige Getier dahergerennt mit Gebraus, dass die Erde zitterte. Der Zaunkönig mit seiner Armee kam auch durch die Luft daher, die schnurrte, schrie und schwärmte, dass einem angst und bange ward und gingen sie da von beiden Seiten aneinander. Der Zaunkönig aber schickte die Hornisse hinab, sie sollte sich dem Fuchs unter den Schwanz setzen und aus Leibeskräften stechen. Wie nun der Fuchs den ersten Stich bekam, zuckte er, dass er das eine Bein aufhob, doch ertrug er's und hielt den Schwanz noch in der Höhe. Beim zweiten Stich musst er ihn einen Augenblick herunterlassen, beim dritten aber konnte er sich nicht mehr halten, schrie und nahm den Schwanz zwischen die Beine. Wie das die Tiere sahen, meinten sie, alles wäre verloren und fingen an zu laufen, jeder in seine Höhle, und hatten die Vögel die Schlacht gewonnen. Da flog der Herr König und die Frau Königin heim zu ihren Kindern und riefen: „Kinder, seid fröhlich, esst und trinkt nach Herzenslust, wir haben den Krieg gewonnen." Die jungen Zaunkönige aber sagten: „Noch essen wir nicht, der Bär soll erst vors Nest kommen und Abbitte tun und soll sagen, dass wir ehrliche Kinder sind." Da flog der Zaunkönig vor das Loch des Bären und rief: „Brummbär, du sollst vor das Nest zu meinen Kindern gehen und Abbitte tun und sagen, dass sie ehrliche Kinder sind, sonst sollen dir die Rippen im Leib zertreten werden." Da kroch der Bär in der größten Angst hin und tat Abbitte. Jetzt waren die jungen Zaunkönige erst zufrieden, setzten sich zusammen, aßen und tranken und machten sich lustig bis in die späte Nacht hinein.

Nationalsozialismus

Die sich schon länger abzeichnenden nationalen Tendenzen, das Märchen als spezifischen Ausdruck nationalen Volkstums anzusehen, wurden zur Zeit des Nationalsozialismus zwischen 1933 und 1945 auf die Spitze getrieben. So manche Pädagogen und Germanisten stellten sich bereitwillig in den Dienst des NS-Staates. So wie die gesamte romantische Bewegung mit ihrer Tendenz zum Irrationalen von den Nationalsozialisten vereinnahmt wurde (vgl. Safranksi 2008), so erging es auch der typisch romantischen Märchengattung. Als Beispiel hierfür sei neben Severin Rüttgers (1876-1938), dem Bearbeiter des Volksschullesebuches des dritten Reiches, vor allem Josef Prestel genannt. Dieser hatte noch 1932 vor der Inanspruchnahme von Märchen im Sinne eines rassischen Glaubens gewarnt, veröffentlichte 1938 jedoch Märchenanalysen, die er als „besonnene Märchendeutung mit Hervorhebung der rassischen und erziehlichen Elemente" bezeichnet (Prestel, zit. n. Dolle 1980, S. 178).

Die zweite Hälfte des 20. Jahrhunderts

Nach 1945 wurde vergleichbar zur Wiederherstellung des schulischen und wissenschaftlichen Bildungswesens zur Zeit der Weimarer Republik vor 1933 auch die überkommene Märchenpädagogik vorwiegend restaurativ aufgenommen. Es gab zwar von Seiten der Alliierten eine kurze Phase der Infragestellung der pädagogischen Qualität von Märchen, aber die Kritik an Märchen als „Schwarze Pädagogik" wurde erst in den späten 1960er Jahren im Zuge der Studentenrevolte und Kinderladenbewegung wieder laut. Märchen galten den Kritikern als „feudale Relikte aus der Vergangenheit, als Vermittler autoritärer Strukturen und falscher Klischees vom Verhältnis von Mann und Frau." (Richter 2002, Sp. 476). Damit wurde trotz gleichzeitig aufkommender Ansätze einer „emanzipatorischen Märchenpädagogik" (vgl. Richter/Mer-

kel 1974, Dolle 1980) zum ersten Mal der bis dahin vorherrschende Konsens über die pädagogische Nützlichkeit von Märchen generell in Frage gestellt.
In der DDR allerdings blieb es bei einer durchgehend positiven Bewertung des Märchens. Sie spielten dort vor allem bei der Kleinkindererziehung, im Kindertheater und in der schulischen Literaturvermittlung eine bedeutende Rolle. Dass im Osten Deutschlands eine nachhaltigere Märchenkultur gepflegt wurde als im Westen, wurde in einer 1989/90 durchgeführten Umfrage deutlich. Die Ergebnisse zeigten, dass die ostdeutschen Jugendlichen über ein besseres Märchenwissen verfügten als die gleichaltrigen Westdeutschen (vgl. Richter 2002, Sp. 476).
Die pädagogische Bedeutung des Märchens wurde in der Bundesrepublik aber spätestens seit 1975 wieder deutlich in den Mittelpunkt gerückt. In diesem Jahr erschien das viel gelesene Buch „Kinder brauchen Märchen" von Bruno Bettelheim (1903-1990). Auf diese Studie wird im Kapitel „Aspekte einer heutigen Märchenpädagogik" näher eingegangen, da sie die Märchenpädagogik bis heute maßgeblich bestimmt.

Der süße Brei (KHM 103)

Es war einmal ein armes frommes Mädchen, das lebte mit seiner Mutter allein, und sie hatten nichts mehr zu essen. Da ging das Kind hinaus in den Wald und begegnete ihm da eine alte Frau, die wusste seinen Jammer schon und schenkte ihm ein Töpfchen, zu dem sollt es sagen: „Töpfchen, koche", so kochte es guten süßen Hirsenbrei. Und wenn es sagte: „Töpfchen, steh", so hörte es wieder auf zu kochen. Das Mädchen brachte den Topf seiner Mutter heim und nun waren sie ihrer Armut und ihres Hungers ledig und aßen süßen Brei, so oft sie wollten. Auf eine Zeit war das Mädchen ausgegangen, da sprach die Mutter: „Töpfchen, koche!" Da kocht es, und sie isst sich satt. Nun will sie, dass das Töpfchen wieder aufhören soll, aber sie weiß das Wort nicht. Also kocht es fort, und der Brei steigt über den Rand hinaus und kocht immer zu, die Küche und das ganze Haus voll, und das zweite Haus und dann die Straße, als wollt's die ganze Welt satt machen und ist die

> größte Not und kein Mensch weiß sich da zu helfen. Endlich, wie nur noch ein einziges Haus übrig ist, da kommt das Kind heim und spricht nur: „Töpfchen, steh", da steht es und hört auf zu kochen und wer wieder in die Stadt wollte, der musste sich durchessen.

Altersbezogene pädagogische und didaktische Hinweise im Anschluss an das Kapitel

a) Der kurze Blick in die Geschichte der Märchenpädagogik zeigt, dass die Märchendidaktik und -pädagogik einem ständigen Wandel unterliegt. Eltern, Erzieher/innen und Lehrer/innen stehen in praktischen Handlungskontexten und oft erweisen sich die besten Absichten oder bestimmte pädagogische Moden und Trends im Nachhinein als pädagogisch falsch. Dies trifft insbesondere auf die „Schwarze Pädagogik" zu. Insofern kann man aus der Geschichte der Pädagogik eine gewisse Zurückhaltung lernen, und Vorsicht ist geboten vor konkreten pädagogischen Ratschlägen, insbesondere dann, wenn sie repressiv oder manipulierend wirken oder mit einem apodiktischen Anspruch auftreten. Daher sind nicht nur die folgenden, sondern sämtliche pädagogische und didaktische Hinweise in diesem Buch lediglich als Vorschläge zu betrachten, die immer wieder bezogen auf die jeweilige konkrete pädagogische Situation kritisch geprüft werden sollten.
In diesem Kapitel wurde deutlich, dass das Märchenhören an sich schon pädagogisch wertvoll sein kann. Es bedarf nicht unbedingt weiterer „pädagogisierender Maßnahmen". Wichtig ist aber vor allem bei jüngeren Kindern, dass Märchen persönlich vorgelesen oder vorgetragen werden. Bei Bedarf ist es dann sinnvoll mit ihnen anschließend über die Märchen zu sprechen. Wenn die Kinder Fragen haben, werden sie diese stellen. Es wurde allerdings auch deutlich, dass nicht alle Märchen für Kinder jeden Alters geeignet sind. Deshalb folgt hier eine Liste mit Märchen mit konkreten Altersempfehlungen (vgl. Knoch 2001, 31ff.).

Ab 4-6 Jahre

Der süße Brei (KHM 103)
Der goldene Schlüssel (KHM 200)
Läuschen und Flöhchen (KHM 30)
Die Sterntaler (KHM 153)
Der Wolf und die sieben Geißlein (KHM 5)
Rotkäppchen (KHM 26)
Die Bienenkönigin (KHM 62)
Die drei Federn (KHM 63)
Die Bremer Stadtmusikanten (KHM 27)
Hänsel und Gretel (KHM 15)
Schneewittchen (KHM 53)
Rumpelstilzchen (KHM 55)
Frau Holle (KHM 24)
Der Froschkönig (KHM 1)
Dornröschen (KHM 50)
Aschenputtel (KHM 21)

Ab 6-8 Jahre

Das Lumpengesindel (KHM 10)
Hans im Glück (KHM 83)
Rapunzel (KHM 12)
Die Gänsemagd (KHM 89)
Die weiße Schlange (KHM 17)
Der Stiefel von Büffelleder (KHM 199)
Hans, mein Igel (KHM 108)
Die drei Männlein im Walde (KHM 13)
Einäuglein, Zweiäuglein, Dreiäuglein (KHM 130)

Ab 8 bis 10 Jahre

Der Eisenhans (KHM 136)
Der treue Johannes (KHM 6)
Der Teufel mit den drei goldenen Haaren (KHM 29)
Das Meerhäschen (KHM 191)
Fundevogel (KHM 51)
Der Königssohn, der sich vor nichts fürchtet (KHM 121)
Die zertanzten Schuhe (KHM 133)
Kunstmärchen zum Selberlesen, Andersen, Bechstein, Hauff, Tausendundeine Nacht

Ab 10 Jahre

Das singende, springende Löweneckerchen (KHM 88)
Jorinde und Joringel (KHM 69)
Der Trommler (KHM 193)
Der Gevatter Tod (KHM 44)
Die sechs Schwände (KHM 49)
Die Goldkinder (KHM 85)

b) Ein weiterer didaktischer Hinweis bezieht sich auf die ideologiekritische Betrachtung von Märchen und die darin enthaltenen Frauenbilder. Dazu seien hier drei Gedichte zitiert mit dazugehörigen Fragestellungen, die als Ausgangspunkt für eine kritische Beschäftigung mit Märchen im Unterricht dienen könnten (ab ca. 10 Jahren):

---

hey, dornröschen
Annegret Gerdes

hey, dornröschen,
nimm die heckenschere!

hey, schneewittchen,
laß die zwerge ihr süpplein allein auslöffeln!

hey, rapunzel,
schneid deinen zopf und seil dich selber ab!

hey, aschenputtel,
hol dir deine alte jeans zurück!

kommt, schwestern,
laßt uns den nächsten jet zum
blocksberg nehmen –

und daß mir keine von euch
frösche an die wand wirft!

(zit. n. Graf/Stammel 2006, S. 117)

Mädchen, pfeif auf den Prinzen!
Josef Reding

Es kommt kein Prinz, der dich erlöst,
wenn du die Jahre blöd verdöst,
wenn du den Verstand nicht übst,
das Denken stets auf morgen schiebst.
Es kommt kein Prinz, der dich umfängt,
von nun an deine Schritte lenkt.
Befrei dich selbst vom Dauerschlaf,
sonst bleibst du nur ein armes Schaf.
Es kommt kein Prinz mit einem Kuss,
macht nicht mit deinen Sorgen Schluss;
es bringt dich auch kein Königssohn
vom Kochtopf auf den Herrscherthron.
Du kannst dir selbst dein Leben bauen,
musst allen deinen Kräften trauen.
Mach flugs noch heute den Versuch
und pfeif auf den Prinzen im Märchenbuch!

(zit. n. Becker/Giese/Kempen 2002, S. 57)

Aufgaben:
1.) Auf welche bekannten Märchen beziehen sich die beiden Gedichte? Lies die Märchen ggf. noch einmal nach und erzähle sie.
2.) Was wird den weiblichen Märchenfiguren vorgeworfen? Vergleiche die Vorwürfe in den beiden Gedichten.
3.) Lässt sich den männlichen Märchenfiguren deiner Meinung nach auch etwas vorwerfen? Diskutiert darüber!

c) (Ab ca. 12 Jahren)

Aufgabe: Dieses Gedicht ist abgedruckt in einer Kinder-Lesefibel aus der Zeit des Dritten Reiches. Vergleiche den Inhalt des Gedichts mit dem Märchen „Schneewittchen" von den Brüdern Grimm. Untersuche, welches Frauenbild diesem Gedicht (und dem Märchen) zugrunde liegt und welche erzieherischen Absichten neben dem Lesenüben damit intendiert sind.

Schneewittchen bei den Zwergen

Kennt ihr das Märchen vom Schneewittchen?
Da fragte doch auch das gute Königskind die Zwerge:
Was soll ich denn bei euch arbeiten? Da sagten die
Sieben Purzelzwerge:
Wämslein nähen, Höschen flicken,
Schühlein putzen, Söckchen stricken,
Kräglein plätten, Strümpfchen stopfen,
Schürzlein waschen, Röckchen klopfen,
Bettlein machen, Stübchen fegen,
Stäublein wischen, Blümchen pflegen,
Tischlein richten, Feuer schüren,
Süpplein kochen, Breichen rühren,
Und Schneewittchen freute sich:
Ei, wie ist das lieb und fein,
bei den Zwergen Hausfrau sein!
Und da blieb es im klimperkleinen Zwergenhaus
Und tat alles.

(Aus: Der Fähnlein-Fibel, Leipzig 1935, zitiert n. Thiele 2005, S. 226f.)

Schneewittchen (KHM 53)

Es war einmal mitten im Winter und die Schneeflocken fielen wie Federn vom Himmel herab, da saß eine Königin an einem Fenster, das einen Rahmen von schwarzem Ebenholz hatte, und nähte. Und wie sie so nähte und nach dem Schnee aufblickte, stach sie sich mit der Nadel in den Finger, und es fielen drei Tropfen Blut in den Schnee. Und weil das Rote im weißen Schnee so schön aussah, dachte sie bei sich: „Hätt' ich ein Kind so weiß wie Schnee, so rot wie Blut und so schwarz wie das Holz an dem Rahmen." Bald darauf bekam sie ein Töchterlein, das war so weiß wie Schnee, so rot wie Blut und so schwarzhaarig wie Ebenholz, und ward darum das Schneewittchen (Schneeweißchen) genannt. Und wie das Kind geboren war, starb die Königin.
Über ein Jahr nahm sich der König eine andere Gemahlin. Es war eine schöne Frau, aber sie war stolz und übermütig, und konnte nicht leiden, dass sie an Schönheit von jemand sollte übertroffen werden. Sie hatte einen wunderbaren Spiegel. Wenn sie vor den trat und sich darin beschaute, sprach sie:

„Spieglein, Spieglein an der Wand,
wer ist die schönste im ganzen Land?"

so antwortete der Spiegel:
„Frau Königin, ihr seid die schönste im Land."
Da war sie zufrieden, denn sie wusste, dass der Spiegel die Wahrheit sagte.
Schneewittchen aber wuchs heran und wurde immer schöner, und als es sieben Jahr alt war, war es so schön, wie der klare Tag, und schöner als die Königin selbst. Als diese einmal ihren Spiegel fragte:

„Spieglein, Spieglein an der Wand,
wer ist die schönste im ganzen Land?"

so antwortete er:
„Frau Königin, ihr seid die schönste hier,
aber Schneewittchen ist tausendmal schöner als ihr."

Da erschrak die Königin und ward gelb und grün vor Neid. Von Stund an, wenn sie Schneewittchen erblickte, kehrte sich ihr das Herz im Leibe herum, so hasste sie das Mädchen. Und der Neid und Hochmut wuchsen wie ein Unkraut in ihrem Herzen immer höher, dass sie Tag und Nacht keine Ruhe mehr hatte. Da rief sie einen Jäger und sprach: „Bring das Kind hinaus in den Wald, ich will's nicht mehr vor meinen Augen sehen. Du sollst es töten und mir Lunge und Leber zum Wahrzeichen mitbringen." Der Jäger gehorchte und führte es hinaus, und als er den Hirschfänger gezogen hatte und Schneewittchens unschuldiges Herz durchbohren wollte, fing es an zu weinen und sprach: „Ach, lieber Jäger, lass mir mein Leben. Ich will in den wilden Wald laufen und nimmermehr wieder heimkommen." Und weil es so schön war, hatte der Jäger Mitleiden und sprach: „So lauf hin, du armes Kind." „Die wilden Tiere werden dich bald gefressen haben", dachte er, und doch war's ihm, als wär' ein Stein von seinem Herzen gewälzt, weil er es nicht zu töten brauchte. Und als gerade ein junger Frischling daher gesprungen kam, stach er ihn ab, nahm Lunge und Leber heraus und brachte sie als Wahrzeichen der Königin mit. Der Koch musste sie in Salz kochen, und das boshafte Weib aß sie auf und meinte, sie hätte Schneewittchens Lunge und Leber gegessen.

Nun war das arme Kind in dem großen Wald mutterselig allein, und ward ihm so angst, dass es alle Blätter an den Bäumen ansah und nicht wusste, wie es sich helfen sollte. Da fing es an zu laufen und lief über die spitzen Steine und durch die Dornen, und die wilden Tiere sprangen an ihm vorbei, aber sie taten ihm nichts. Es lief so lange nur die Füße noch fort konnten, bis es bald Abend werden wollte. Da sah es ein kleines Häuschen und ging hinein sich zu ruhen. In dem Häuschen war alles klein, aber so zierlich und reinlich, dass es nicht zu sagen ist. Da stand ein weiß gedecktes Tischlein mit sieben kleinen Tellern. Jedes Tellerlein mit seinem Löffelein, ferner sieben Messerlein und Gäblein und sieben Becherlein. An der Wand waren sieben Bettlein neben einander aufgestellt und schneeweiße Laken darüber gedeckt. Schneewittchen, weil es so hungrig und durstig war, aß von jedem Tellerlein ein wenig Gemüs' und Brot und trank aus jedem Becherlein einen Tropfen Wein, denn es wollte nicht einem allein alles wegnehmen. Hernach, weil es so müde war, legte es sich in ein Bettchen, aber keins passte. Das eine war zu lang, das andere zu kurz, bis endlich das siebente recht war, und darin blieb es liegen, befahl sich Gott und schlief ein.

Als es ganz dunkel geworden war, kamen die Herren von dem Häuslein. Das waren die sieben Zwerge, die in den Bergen nach Erz hackten und gruben. Sie zündeten ihre sieben Lichtlein an und wie es nun hell im Häuslein ward, sahen sie, dass jemand darin gewesen war, denn es stand nicht alles so in der Ordnung, wie sie es verlassen hatten. Der erste sprach: „Wer hat auf meinem Stühlchen gesessen?" Der zweite: „Wer hat von meinem Tellerchen gegessen?" Der dritte: „Wer hat von meinem Brötchen genommen?" Der vierte: „Wer hat von meinem Gemüschen gegessen?" Der fünfte: „Wer hat mit meinem Gäbelchen gestochen?" Der sechste: „Wer hat mit meinem Messerchen geschnitten?" Der siebente: „Wer hat aus meinem Becherlein getrunken?" Dann sah sich der erste um und sah, dass auf seinem Bett eine kleine Delle war, da sprach er: „Wer hat in mein Bettchen getreten?" Die andern kamen gelaufen und riefen: „In meinem hat auch jemand gelegen." Der siebente aber, als er in sein Bett sah, erblickte Schneewittchen, das lag darin und schlief. Nun rief er die andern, die kamen herbeigelaufen und schrien vor Verwunderung, holten ihre sieben Lichtlein und beleuchteten Schneewittchen. „Ei, du mein Gott! ei, du mein Gott!", riefen sie, „was ist das Kind so schön!", und hatten so große Freude, dass sie es nicht aufweckten, sondern im Bettlein fortschlafen ließen. Der siebente Zwerg aber schlief bei seinen Gesellen, bei jedem eine Stunde, da war die Nacht herum.

Als es Morgen war, erwachte Schneewittchen, und wie es die sieben Zwerge sah, erschrak es. Sie waren aber freundlich und fragten: „Wie heißt du?" „Ich heiße Schneewittchen", antwortete es. „Wie bist du in unser Haus gekommen?", sprachen weiter die Zwerge. Da erzählte es ihnen, dass seine Stiefmutter es hätte wollen umbringen lassen. Der Jäger hätte ihm aber das Leben geschenkt und da wär es gelaufen den ganzen Tag, bis es endlich ihr Häuslein gefunden hätte. Die Zwerge sprachen: „Willst du unsern Haushalt versehen, kochen, betten, waschen, nähen und stricken und willst du alles ordentlich und reinlich halten, so kannst du bei uns bleiben, und es soll dir an nichts fehlen." „Ja", sagte Schneewittchen, „von Herzen gern", und blieb bei ihnen. Es hielt ihnen das Haus in Ordnung. Morgens gingen sie in die Berge und suchten Erz und Gold, abends kamen sie wieder, und da musste ihr Essen bereit sein. Den Tag über war das Mädchen allein. Da warnten es die guten Zwerglein und sprachen: „Hüte dich vor deiner Stiefmutter, die wird bald wissen, dass du hier bist; lass ja niemand herein."

Die Königin aber, nachdem sie Schneewittchens Lunge und Leber glaubte gegessen zu haben, dachte nicht anders als sie wäre wieder die erste und allerschönste, trat vor ihren Spiegel und sprach:

„Spieglein, Spieglein an der Wand,
wer ist die schönste im ganzen Land?"

Da antwortete der Spiegel:
„Frau Königin, ihr seid die schönste hier,
aber Schneewittchen über den Bergen
bei den sieben Zwergen
ist noch tausendmal schöner als ihr."

Da erschrak sie, denn sie wusste, dass der Spiegel keine Unwahrheit sprach und merkte, dass der Jäger sie betrogen hatte und Schneewittchen noch am Leben war. Und da sann und sann sie aufs Neue, wie sie es umbringen wollte. Denn so lange sie nicht die Schönste war im ganzen Land, ließ ihr der Neid keine Ruhe. Und als sie sich endlich etwas ausgedacht hatte, färbte sie sich das Gesicht und kleidete sich wie eine alte Krämerin und war ganz unkenntlich. In dieser Gestalt ging sie über die sieben Berge zu den sieben Zwergen, klopfte an die Türe und rief: „Schöne Ware feil! feil!" Schneewittchen guckte zum Fenster heraus und rief: „Guten Tag, liebe Frau, was habt ihr zu verkaufen?" „Gute Ware, schöne Ware", antwortete sie, „Schnürriemen von allen Farben", und holte einen hervor, der aus bunter Seide geflochten war. „Die ehrliche Frau kann ich herein lassen", dachte Schneewittchen, riegelte die Türe auf und kaufte sich den hübschen Schnürriemen. „Kind", sprach die Alte, „wie du aussiehst! komm, ich will dich einmal ordentlich schnüren." Schneewittchen hatte kein Arg, stellte sich vor sie und ließ sich mit dem neuen Schnürriemen schnüren. Aber die Alte schnürte geschwind und schnürte so fest, dass dem Schneewittchen der Atem verging und es für tot hinfiel. „Nun bist du die Schönste gewesen", sprach sie und eilte hinaus.
Nicht lange darauf, zur Abendzeit, kamen die sieben Zwerge nach Haus, aber wie erschraken sie, als sie ihr liebes Schneewittchen auf der Erde liegen sahen. Und es regte und bewegte sich nicht, als wäre es tot. Sie hoben es in die Höhe, und weil sie sahen, dass es zu fest geschnürt

war, schnitten sie den Schnürriemen entzwei. Da fing es an, ein wenig zu atmen, und ward nach und nach wieder lebendig. Als die Zwerge hörten, was geschehen war, sprachen sie: „Die alte Krämerfrau war niemand als die gottlose Königin. Hüte dich und lass keinen Menschen herein, wenn wir nicht bei dir sind."
Das böse Weib aber, als es nach Haus gekommen war, ging vor den Spiegel und fragte:

„Spieglein, Spieglein an der Wand,
wer ist die schönste im ganzen Land?"

Da antwortete er wie sonst:
„Frau Königin, ihr seid die schönste hier,
aber Schneewittchen über den Bergen
bei den sieben Zwergen
ist noch tausendmal schöner als ihr."

Als sie das hörte, lief ihr alles Blut zum Herzen, so erschrak sie, denn sie sah wohl, dass Schneewittchen wieder lebendig geworden war. „Nun aber", sprach sie, „will ich etwas aussinnen, das dich zu Grunde richten soll." Und mit Hexenkünsten, die sie verstand, machte sie einen giftigen Kamm. Dann verkleidete sie sich und nahm die Gestalt eines andern alten Weibes an. So ging sie hin über die sieben Berge zu den sieben Zwergen, klopfte an die Türe und rief: „Gute Ware feil! feil!" Schneewittchen schaute heraus und sprach: „Geht nur weiter, ich darf niemand hereinlassen." „Das Ansehen wird dir doch erlaubt sein", sprach die Alte, zog den giftigen Kamm heraus und hielt ihn in die Höhe. Da gefiel er dem Kinde so gut, dass es sich betören ließ und die Türe öffnete. Als sie des Kaufs einig waren, sprach die Alte: „Nun will ich dich einmal ordentlich kämmen." Das arme Schneewittchen dachte an nichts und ließ die Alte gewähren. Aber kaum hatte sie den Kamm in die Haare gesteckt, als das Gift darin wirkte, und das Mädchen ohne Besinnung niederfiel. „Du Ausbund von Schönheit", sprach das boshafte Weib, „jetzt ist's um dich geschehen", und ging fort. Zum Glück aber war es bald Abend, wo die sieben Zwerglein nach Haus kamen. Als sie Schneewittchen wie tot auf der Erde liegen sahen, hatten sie gleich die Stiefmutter in Verdacht, suchten nach, und fanden den giftigen Kamm, und kaum hatten sie ihn herausgezogen, so kam Schneewittchen wieder zu sich und erzählte, was vorgegangen war. Da warnten sie es noch einmal auf seiner Hut zu sein und niemand die Türe zu öffnen. Die Königin stellte sich daheim vor den Spiegel und sprach:

„Spieglein, Spieglein an der Wand,
wer ist die schönste im ganzen Land?"

Da antwortete er, wie vorher:
„Frau Königin, ihr seid die schönste hier,
aber Schneewittchen über den Bergen
bei den sieben Zwergen
ist doch noch tausendmal schöner als ihr."

Als sie den Spiegel so reden hörte, zitterte und bebte sie vor Zorn. „Schneewittchen soll sterben", rief sie, „und wenn es mein eignes Leben kostet." Darauf ging sie in eine ganz verborgene einsame Kammer, wo niemand hinkam, und machte da einen giftigen Apfel. Äußerlich sah er schön aus, weiß mit roten Backen, dass jeder, der ihn erblickte, Lust danach bekam, aber wer ein Stückchen davon aß, der musste sterben. Als der Apfel fertig war, färbte sie sich das Gesicht und verkleidete sich in eine Bauersfrau, und so ging sie über die sieben Berge zu den sieben Zwergen. Sie klopfte an, Schneewittchen streckte den Kopf zum Fenster heraus, und sprach: „Ich darf keinen Menschen einlassen, die sieben Zwerge haben mir's verboten." „Mir auch recht", antwortete die Bäurin, „meine Äpfel will ich schon los werden. Da, einen will ich dir schenken." „Nein", sprach Schneewittchen, „ich darf nichts annehmen." „Fürchtest du dich vor Gift?", sprach die Alte, „siehst du, da schneide ich den Apfel in zwei Teile; den roten Backen iss du, den weißen will ich essen." Der Apfel war aber so künstlich gemacht, dass der rote Backen allein vergiftet war. Schneewittchen lusterte den schönen Apfel an, und als es sah, dass die Bäurin davon aß, so konnte es nicht länger widerstehen, streckte die Hand hinaus und nahm die giftige Hälfte. Kaum aber hatte es einen Bissen davon im Mund, so fiel es tot zur Erde nieder. Da betrachtete es die Königin mit grausigen Blicken und lachte überlaut und sprach: „Weiß wie Schnee, rot wie Blut, schwarz wie Ebenholz! Diesmal können dich die Zwerge nicht wieder erwecken." Und als sie daheim den Spiegel befragte:

„Spieglein, Spieglein an der Wand,
wer ist die schönste im ganzen Land?"

so antwortete er endlich:
„Frau Königin, ihr seid die schönste im Land."

Da hatte ihr neidisches Herz Ruhe, so gut ein neidisches Herz Ruhe haben kann. Die Zwerglein, wie sie abends nach Haus kamen, fanden Schneewittchen auf der Erde liegen, und es ging kein Atem mehr aus seinem Mund, und es war tot. Sie hoben es auf, suchten, ob sie was Giftiges fänden, schnürten es auf, kämmten ihm die Haare, wuschen es mit Wasser und Wein, aber es half alles nichts; das liebe Kind war tot und blieb tot. Sie legten es auf eine Bahre und setzten sich alle sieben daran und beweinten es, und weinten drei Tage lang. Da wollten sie es begraben, aber es sah noch so frisch aus wie ein lebender Mensch, und hatte noch seine schönen roten Backen. Sie sprachen: „Das können wir nicht in die schwarze Erde versenken", und ließen einen durchsichtigen Sarg von Glas machen, dass man es von allen Seiten sehen konnte, legten es hinein und schrieben mit goldenen Buchstaben seinen Namen darauf, und dass es eine Königstochter wäre. Dann setzten sie den Sarg hinaus auf den Berg, und einer von ihnen blieb immer dabei und bewachte ihn. Und die Tiere kamen auch und beweinten Schneewittchen, erst eine Eule, dann ein Rabe, zuletzt ein Täubchen.
Nun lag Schneewittchen lange, lange Zeit in dem Sarg und verweste nicht, sondern sah aus, als wenn es schliefe, denn es war noch so weiß als Schnee, so rot als Blut und so schwarzhaarig wie Ebenholz. Es geschah aber, dass ein Königssohn in den Wald geriet und zu dem Zwergenhaus kam, da zu übernachten. Er sah auf dem Berg den Sarg und das schöne Schneewittchen darin und las, was mit goldenen Buchstaben darauf geschrieben war. Da sprach er zu den Zwergen: „Lasst mir den Sarg, ich will euch geben, was ihr dafür haben wollt." Aber die Zwerge antworteten: „Wir geben ihn nicht um alles Gold in der Welt." Da sprach er: „So schenkt mir ihn, denn ich kann nicht leben ohne Schneewittchen zu sehen, ich will es ehren und hochachten wie mein Liebstes." Wie er so sprach, empfanden die guten Zwerglein Mitleiden mit ihm und gaben ihm den Sarg. Der Königssohn ließ ihn nun von seinen Dienern auf den Schultern forttragen. Da geschah es, dass sie

über einen Strauch stolperten, und von dem Schüttern fuhr der giftige Apfelgrütz, den Schneewittchen abgebissen hatte, aus dem Hals. Und nicht lange so öffnete es die Augen, hob den Deckel vom Sarg in die Höhe und richtete sich auf und war wieder lebendig. „Ach Gott, wo bin ich?", rief es. Der Königssohn sagte voll Freude: „Du bist bei mir", und erzählte, was sich zugetragen hatte und sprach, „ich habe dich lieber als alles auf der Welt. Komm mit mir in meines Vaters Schloss, du sollst meine Gemahlin werden." Da war ihm Schneewittchen gut und ging mit ihm und ihre Hochzeit ward mit großer Pracht und Herrlichkeit angeordnet. Zu dem Fest wurde aber auch Schneewittchens gottlose Stiefmutter eingeladen. Wie sie sich nun mit schönen Kleidern angetan hatte, trat sie vor den Spiegel und sprach:

„Spieglein, Spieglein an der Wand,
wer ist die schönste im ganzen Land?"

Der Spiegel antwortete:
„Frau Königin, ihr seid die schönste hier,
aber die junge Königin ist tausendmal schöner als ihr."

Da stieß das böse Weib einen Fluch aus und ward ihr so Angst, dass sie sich nicht zu lassen wusste. Sie wollte zuerst gar nicht auf die Hochzeit kommen, doch ließ es ihr keine Ruhe, sie musste fort und die junge Königin sehen. Und wie sie hineintrat, erkannte sie Schneewittchen und vor Angst und Schrecken stand sie da und konnte sich nicht regen. Aber es waren schon eiserne Pantoffeln über Kohlenfeuer gestellt und wurden mit Zangen hereingetragen und vor sie hingestellt. Da musste sie in die rotglühenden Schuhe treten und so lange tanzen, bis sie tot zur Erde fiel.

Jorinde und Joringel (KHM 69)

Es war einmal ein altes Schloss mitten in einem großen dicken Wald, darinnen wohnte eine alte Frau ganz allein, das war eine Erzzauberin. Am Tage machte sie sich zur Katze oder zur Nachteule, des Abends aber wurde sie wieder ordentlich wie ein Mensch gestaltet. Sie konnte das Wild und die Vögel herbeilocken, und dann schlachtete sie, kochte und briet es. Wenn jemand auf hundert Schritte dem Schloss nahe kam, so musste er stillestehen und konnte sich nicht von der Stelle bewegen, bis sie ihn los sprach. Wenn aber eine keusche Jungfrau in diesen Kreis kam, so verwandelte sie dieselbe in einen Vogel, und sperrte sie dann in einen Korb ein und trug den Korb in eine Kammer des Schlosses. Sie hatte wohl siebentausend solcher Körbe mit so raren Vögeln im Schlosse.

Nun war einmal eine Jungfrau, die hieß Jorinde. Sie war schöner als alle andere Mädchen. Die, und dann ein gar schöner Jüngling, namens Joringel, hatten sich zusammen versprochen. Sie waren in den Brauttagen und sie hatten ihr größtes Vergnügen eins am andern. Damit sie nun einmal vertraut zusammen reden könnten, gingen sie in den Wald spazieren. „Hüte dich", sagte Joringel, „dass du nicht so nahe ans Schloss kommst." Es war ein schöner Abend, die Sonne schien zwischen den Stämmen der Bäume hell ins dunkle Grün des Waldes, und die Turteltaube sang kläglich auf den alten Maibuchen.

Jorinde weinte zuweilen, setzte sich hin im Sonnenschein und klagte. Joringel klagte auch. Sie waren so bestürzt, als wenn sie hätten sterben sollen. Sie sahen sich um, waren irre und wussten nicht, wohin sie nach Hause gehen sollten. Noch halb stand die Sonne über dem Berg und halb war sie unter. Joringel sah durchs Gebüsch und sah die alte Mauer des Schlosses nah bei sich. Er erschrak und wurde todbang. Jorinde sang:

„Mein Vöglein mit dem Ringlein rot
singt Leide, Leide, Leide:
es singt dem Täubelein seinen Tod,
singt Leide, Lei– zicküth, zicküth, zicküth."

Joringel sah nach Jorinde. Jorinde war in eine Nachtigall verwandelt, die sang „zicküth, zicküth." Eine Nachteule mit glühenden Augen flog dreimal um sie herum und schrie dreimal: „Schu, hu, hu, hu." Joringel konnte sich nicht regen. Er stand da wie ein Stein, konnte nicht weinen, nicht reden, nicht Hand noch Fuß regen. Nun war die Sonne unter. Die Eule flog in einen Strauch und gleich darauf kam eine alte krumme Frau aus diesem hervor, gelb und mager, große rote Augen, krumme Nase, die mit der Spitze ans Kinn reichte. Sie murmelte, fing die Nachtigall und trug sie auf der Hand fort. Joringel konnte nichts sagen, nicht von der Stelle kommen. Die Nachtigall war fort. Endlich kam das Weib wieder und sagte mit dumpfer Stimme: „Grüß dich, Zachiel, wenn's Möndel ins Körbel scheint, bind los, Zachiel, zu guter Stund." Da wurde Joringel los. Er fiel vor dem Weib auf die Knie und bat, sie möchte ihm seine Jorinde wiedergeben, aber sie sagte, er sollte sie nie wieder haben und ging fort. Er rief, er weinte, er jammerte, aber alles umsonst: „Uu, was soll mir geschehen?" Joringel ging fort und kam endlich in ein fremdes Dorf. Da hütete er die Schafe lange Zeit. Oft ging er rund um das Schloss herum, aber nicht zu nahe dabei. Endlich träumte er, einmal des Nachts er fände eine blutrote Blume, in deren Mitte eine schöne große Perle war. Die Blume brach er ab, ging damit zum Schlosse. Alles, was er mit der Blume berührte, ward von der Zauberei frei. Auch träumte er, er hätte seine Jorinde dadurch wiederbekommen. Des Morgens, als er erwachte, fing er an, durch Berg und Tal zu suchen, ob er eine solche Blume fände. Er suchte bis an den neunten Tag, da fand er die blutrote Blume am Morgen früh. In der Mitte war ein großer Tautropfe, so groß wie die schönste Perle. Diese Blume trug er Tag und Nacht bis zum Schloss. Wie er auf hundert Schritt nahe bis zum Schloss kam, da ward er nicht fest, sondern ging fort bis ans Tor. Joringel freute sich hoch, berührte die Pforte mit der Blume, und sie sprang auf. Er ging hinein durch den Hof, horchte, wo er die vielen Vögel vernähme. Endlich hörte er's. Er ging und fand den Saal, da war die Zauberin und fütterte die Vögel in den siebentausend Körben. Wie sie den Joringel sah, ward sie bös, sehr bös, schalt, spie Gift und Galle gegen ihn aus, aber sie konnte auf zwei Schritte nicht an ihn kommen. Er kehrte sich nicht an sie und ging, besah die Körbe mit den Vögeln. Da waren aber viele hundert Nachtigallen. Wie sollte er nun seine Jorinde wiederfinden? Indem er so zusah, dass die Alte heimlich ein Körbchen mit einem Vogel wegnahm und damit nach der Türe ging. Flugs sprang er hinzu, berührte das Körbchen mit der Blume und auch das alte Weib. Nun konnte sie nichts mehr zaubern und Jorinde stand da, hatte ihn um den Hals gefasst, so schön wie sie ehemals war. Da machte er auch alle die andern Vögel wieder zu Jungfrauen und dann ging er mit seiner Jorinde nach Hause und sie lebten lange vergnügt zusammen.

V. Aspekte einer heutigen Märchenpädagogik

Nach dem zweiten Weltkrieg wurden zunehmend Argumente gegen Märchen laut, die sich folgendermaßen zusammenfassen lassen: Märchen seien „weltfern und anachronistisch", „grausam", „unwahr und kitschig", sie zeigten „antiquierte gesellschaftliche Verhältnisse", sowie „Rollenzwänge aus der patriarchalischen Welt". Insgesamt seien sie „Ausdruck repressiver und autoritärer Erziehung", die Kinder weniger im positiven Sinne erzögen, sondern allenfalls disziplinierten (Röhrich 1976, S. 21f.; Ziesenis 1998, S. 544).

Dagegen stehen allerdings eine ganze Reihe von positiven Aspekten, die das Märchen auch heute noch als pädagogisch wertvoll erscheinen lassen: Denn Märchen sind schon formal didaktisch, sie haben Modellcharakter und zeigen „Wege der Emanzipation". Dies bedeutet zwar nicht, dass durch das Erzählen von Märchen wie von selbst eine emanzipatorische Wirkung eintritt. Dennoch sind Märchen pädagogisch wichtig, weil sie „psychische Möglichkeiten der Angstüberwindung" aufzeigen und auf eine „Glücksverwirklichung" verweisen (vgl. ebd.).

Charlotte Bühler hat darauf hingewiesen, dass Märchen schon rein formal den Bedürfnissen des kindlichen Geistes entsprechen (vgl. Lüthi 2004, S. 105f.). Wie keine andere Erzählform ermöglicht das Märchen die Übung des Vorstellungsmechanismus. Anhand der plötzlichen Übergänge in den meist einsträngigen Märchen kann das Kind mit Vergnügen die Gewandtheit und Fertigkeit des Vorstellens erlernen. Zudem halten sich im Märchen Bekanntes und Unbekanntes die Waage: Wiederholung und Variation, Menschen (Kinder, Erwachsene), sprechende Tiere und unbekannte Fabelwesen. Die Märchencharaktere sind wegen ihrer relativen Unbestimmtheit gut geeignet, um vom Kind selbst mit Phantasie ausgestaltet zu werden. Das für Kinder so bedeutsame Ungewöhnliche und Wunderbare ist Bestandteil von Märchen, und schließlich wird dem kindlichen Gerechtigkeitsempfinden dadurch Rechnung getragen, dass am Ende das Gute siegt (vgl. ebd.). Charakteristisch für Märchen ist, so lässt sich mit Bettelheim zusammenfassen, dass „ein existentielles Dilemma" pointiert festgestellt wird, die Situationen vereinfacht werden und nur wichtige Einzelheiten dem Kind mitgeteilt werden (vgl. Bettelheim 1997, S. 15).

Psychoanalytische und tiefenpsychologische Märcheninterpretation

Die Argumente für die pädagogische Bedeutsamkeit der Gattung Märchen werden durch psychologische Forschungen stark untermauert. Insbesondere der Psychoanalyse und der Tiefenpsychologie kommen hier eine zentrale Rolle zu. Schon zu Beginn des 20. Jahrhunderts wurde der Zusammenhang von Traum und Märchen meist im Anschluss an Sigmund Freud (1856-1939) und Carl Gustav Jung (1875-1961) untersucht (vgl. Laiblin 1991). Freud selbst hat 1913 einen Aufsatz zum Thema „Märchenstoffe in Träumen" veröffentlicht (Freud 1913/1996). Seither wurde eine Vielzahl von psychoanalytischen Märchendeutungen publiziert (vgl. z. B. Drewermann 2003, Fromm 2004). Diese erweitern die Märcheninterpretation aus psychologischer Perspektive, wobei allerdings auch kritisiert wurde, dass die zum Teil ausschließlich psychologisch orientierten Interpretationen zu einseitig und engführend seien (vgl. Lüthi 2004, S. 107). Im Folgenden gibt es ein Beispiel einer psychoanalytischen Märcheninterpretation von Erich Fromm im Anschluss an das Märchen *Rotkäppchen*.

Rotkäppchen (KHM 26)

Es war einmal eine kleine süße Dirne, die hatte jedermann lieb, der sie nur ansah, am allerliebsten aber ihre Großmutter, die wusste gar nicht, was sie alles dem Kinde geben sollte. Einmal schenkte sie ihm ein Käppchen von rotem Samt, und weil ihm das so wohl stand, und es nichts anders mehr tragen wollte, hieß es nur das Rotkäppchen. Eines Tages sprach seine Mutter zu ihm: „Komm, Rotkäppchen, da hast du ein Stück Kuchen und eine Flasche Wein, bring das der Großmutter hinaus; sie ist krank und schwach und wird sich daran laben. Mach dich auf, bevor es heiß wird, und wenn du hinauskommst, so geh hübsch sittsam und lauf nicht vom Weg ab, sonst fällst du und zerbrichst das Glas und die Großmutter hat nichts. Und wenn du in ihre Stube kommst, so vergiss nicht guten Morgen zu sagen und guck nicht erst in alle Ecken herum."
„Ich will schon alles gut machen", sagte Rotkäppchen zur Mutter und gab ihr die Hand darauf. Die Großmutter aber wohnte draußen im Wald, eine halbe Stunde vom Dorf. Wie nun Rotkäppchen in den Wald kam, begegnete ihm der Wolf. Rotkäppchen aber wusste nicht, was das für ein böses Tier war und fürchtete sich nicht vor ihm. „Guten Tag, Rotkäppchen", sprach er. „Schönen Dank, Wolf." „Wo hinaus so früh, Rotkäppchen?" „Zur Großmutter." „Was trägst du unter der Schürze?" „Kuchen und Wein. Gestern haben wir gebacken, da soll sich die kranke und schwache Großmutter etwas zu gut tun, und sich damit stärken." „Rotkäppchen, wo wohnt deine Großmutter?" „Noch eine gute Viertelstunde weiter im Wald, unter den drei großen Eichbäumen, da steht ihr Haus, unten sind die Nusshecken, das wirst du ja wissen", sagte Rotkäppchen. Der Wolf dachte bei sich: „Das junge zarte Ding, das ist ein fetter Bissen, der wird noch besser schmecken als die Alte. Du musst es listig anfangen, damit du beide erschnappst." Da ging er ein Weilchen neben Rotkäppchen her, dann sprach er: „Rotkäppchen, sieh einmal die schönen Blumen, die rings umher stehen. Warum guckst du dich nicht um? Ich glaube du hörst gar nicht, wie die Vöglein so lieblich singen? Du gehst ja für dich hin, als wenn du zur Schule gingst und ist so lustig haußen in dem Wald."
Rotkäppchen schlug die Augen auf, und als es sah, wie die Sonnenstrahlen durch die Bäume hin und her tanzten und alles voll schöner Blumen stand, dachte es: „Wenn ich der Großmutter einen frischen

Strauß mitbringe, der wird ihr auch Freude machen. Es ist so früh am Tag, dass ich doch zu rechter Zeit ankomme", lief vom Wege ab in den Wald hinein und suchte Blumen. Und wenn es eine gebrochen hatte, meinte es weiter hinaus stände eine schönere und lief danach und geriet immer tiefer in den Wald hinein. Der Wolf aber ging geradeswegs nach dem Haus der Großmutter und klopfte an die Türe. „Wer ist draußen?" „Rotkäppchen, das bringt Kuchen und Wein, mach auf." „Drück nur auf die Klinke", rief die Großmutter, „ich bin zu schwach und kann nicht aufstehen." Der Wolf drückte auf die Klinke, die Türe sprang auf und er ging, ohne ein Wort zu sprechen, gerade zum Bett der Großmutter und verschluckte sie. Dann tat er ihre Kleider an, setzte ihre Haube auf, legte sich in ihr Bett und zog die Vorhänge vor.
Rotkäppchen aber war nach den Blumen herumgelaufen, und als es so viel zusammen hatte, dass es keine mehr tragen konnte, fiel ihm die Großmutter wieder ein, und es machte sich auf den Weg zu ihr. Es wunderte sich, dass die Türe aufstand, und wie es in die Stube trat, so kam es ihm so seltsam darin vor, dass es dachte: „Ei, du mein Gott, wie ängstlich wird mir's heute zu Mut, und bin sonst so gerne bei der Großmutter!" Es rief: „Guten Morgen", bekam aber keine Antwort. Darauf ging es zum Bett und zog die Vorhänge zurück. Da lag die Großmutter und hatte die Haube tief ins Gesicht gesetzt und sah so wunderlich aus. „Ei, Großmutter, was hast du für große Ohren!" „Dass ich dich besser hören kann." „Ei, Großmutter, was hast du für große Augen!" „Dass ich dich besser sehen kann." „Ei, Großmutter, was hast du für große Hände!" „Dass ich dich besser packen kann." „Aber, Großmutter, was hast du für ein entsetzlich großes Maul!" „Dass ich dich besser fressen kann." Kaum hatte der Wolf das gesagt, so tat er einen Satz aus dem Bette und verschlang das arme Rotkäppchen.
Wie der Wolf sein Gelüsten gestillt hatte, legte er sich wieder ins Bett, schlief ein und fing an, überlaut zu schnarchen. Der Jäger ging eben an dem Haus vorbei und dachte: „Wie die alte Frau schnarcht, du musst doch sehen, ob ihr etwas fehlt." Da trat er in die Stube und wie er vor das Bette kam, so sah er, dass der Wolf darin lag. „Finde ich dich hier, du alter Sünder", sagte er, „ich habe dich lange gesucht." Nun wollte er seine Büchse anlegen, da fiel ihm ein, der Wolf könnte die Großmutter gefressen haben und sie wäre noch zu retten. Er schoss nicht, sondern nahm eine Schere und fing an, dem schlafenden Wolf den Bauch aufzuschneiden. Wie er ein paar Schnitte getan hatte, da sah er das rote

> Käppchen leuchten und noch ein paar Schnitte, da sprang das Mädchen heraus und rief: „Ach, wie war ich erschrocken, wie war's so dunkel in dem Wolf seinem Leib!" Und dann kam die alte Großmutter auch noch lebendig heraus und konnte kaum atmen. Rotkäppchen aber holte geschwind große Steine. Damit füllten sie dem Wolf den Leib und wie er aufwachte, wollte er fortspringen, aber die Steine waren so schwer, dass er gleich niedersank und sich tot fiel.
> Da waren alle drei vergnügt. Der Jäger zog dem Wolf den Pelz ab und ging damit heim, die Großmutter aß den Kuchen und trank den Wein, den Rotkäppchen gebracht hatte, und erholte sich wieder. Rotkäppchen aber dachte: „Du willst dein Lebtag nicht wieder allein vom Wege ab in den Wald laufen, wenn dir's die Mutter verboten hat." […]

Rotkäppchen in der Deutung Erich Fromms

Erich Fromm sieht das Märchen Rotkäppchen als gutes Beispiel für die Erläuterung von Freuds Ansichten zur Psychoanalyse, das gleichzeitig eine Variation des Themas des männlich-weiblichen Konflikts biete, dem wir in dem → Ödipus- und im Schöpfungsmythos begegnen (vgl. Fromm 2004, S. 157f.). Nach dieser Deutung ist „Rotkäppchen" ein Symbol der Menstruation:

> „Das kleine Mädchen, von dessen Abenteuer wir hören, ist eine reife Frau geworden und sieht sich jetzt mit ihrer Sexualität konfrontiert.
> Die Warnung, ‚nicht vom Weg abzugehen' und ‚das Glas nicht zu zerbrechen', ist eine deutliche Warnung vor den Gefahren der Sexualität und dem Verlust der Jungfräulichkeit.
> Das sexuelle Begehren des Wolfs wird durch den Anblick des Mädchens geweckt, und er versucht es zu verführen, indem er zu ihm sagt: ‚Sieh einmal die schönen Blumen, die ringsumher stehen, warum guckst du dich nicht um? Ich glaube, du hörst gar nicht, wie die Vöglein so lieblich singen?' Rotkäppchen ‚schlug die Augen auf'. Es befolgte den

Rat des Wolfs und ‚geriet immer tiefer in den Wald hinein'. Dabei bedient es sich einer bezeichnenden Rationalisierung: Um sich selbst davon zu überzeugen, dass es nichts Unrechtes tut, sagt es sich, die Großmutter würde sich über die Blumen freuen, die es ihr mitbringen könnte."

Fromm führt weiter aus, dass „dieses Abweichen vom geraden Weg der Tugend" schwer bestraft werde. Der Wolf verkleidet sich bekanntlich als Großmutter, frisst das unschuldige Rotkäppchen und schläft daraufhin ein. Aus dieser Perspektive handelt das Märchen zunächst von dem einen moralisierenden Thema „Gefahr der Sexualität." Doch nach Fromms Deutung ist es komplizierter. Er fragt genauer nach der Rolle des Mannes und nach der Darstellung der Sexualität:

„Der Mann wird als rücksichtsloses, listiges Tier und der Geschlechtsakt als kannibalische Handlung geschildert, bei der der Mann die Frau verschlingt. Frauen, die Männer lieben und sich an der Sexualität erfreuen, teilen diese Ansicht nicht. Sie ist Ausdruck einer tiefen Feindseligkeit gegen die Männer und die Sexualität. Aber der Hass und das Vorurteil gegen die Männer treten am Schluss der Geschichte nur deutlicher hervor. Auch hier [...] müssen wir uns daran erinnern, dass die Überlegenheit der Frau darin besteht, dass sie Kinder gebären kann. Und wie wird der Wolf lächerlich gemacht? Indem geschildert wird, wie er versucht, die Rolle einer schwangeren Frau zu spielen, die lebendige Wesen in ihrem Leib hat. Rotkäppchen steckt Steine, das Symbol der Unfruchtbarkeit, in seinen Bauch, und der Wolf bricht zusammen und stirbt. Nach dem alten Gesetz der Vergeltung wird seine Tat dem Verbrechen entsprechend bestraft: er wird von den Steinen, dem Symbol der Unfruchtbarkeit, getötet, womit seine Anmaßung, die Rolle einer schwangeren Frau zu spielen, verspottet wird."

Schließlich resümiert Fromm:

> „Dieses Märchen, dessen Hauptfiguren Frauen aus drei Generationen sind (der Jäger am Ende ist eine konventionelle Vaterfigur ohne wirkliches Gewicht), handelt von dem Konflikt zwischen Mann und Frau; es ist die Geschichte vom Triumph Männer hassender Frauen und endet mit deren Sieg. Es ist das genaue Gegenteil des Ödipus-Mythos, in dem der Mann als Sieger aus diesem Kampf hervorgeht." (alle Zitate nach: Fromm 2004, S. 157-160.)

Stichwort: Ödipus-Mythos: Ödipus ist eine Gestalt der griechischen Mythologie, die Sigmund Freud als Name diente für den sogenannten **Ödipus-Konflikt**: Nach Freud eine wichtige Situation in der Entwicklung des Kindes um das 3.-4. Lebensjahr. Der Sohn ist eifersüchtig auf den Vater und liebt seine Mutter. Aus der Nicht-Bewältigung des Konfliktes können krankhafte Entwicklungen entstehen.

„Kinder brauchen Märchen"

Seit dem späten 20. Jahrhundert wird die berühmte Studie „Kinder brauchen Märchen" (Bettelheim 1975/1997) maßgeblich für die Märchenpädagogik. Bruno Bettelheim (1903-1990) sieht gerade in der modernen, von einem „optimistischen Fortschrittsglauben" geprägten Welt (ebd. S. 14) das Märchen als eine für Kinder wichtige Kunstform an, weil es in besonderer Weise geeignet sei, die Persönlichkeitsentwicklung zu fördern. Für den in die USA emigrierten Psychologen sind Märchen vor allem Erzählungen über typisch menschliche Probleme, die darstellen, wie Menschen mit Entwicklungsaufgaben konfrontiert werden und diese bewältigen. Und da Märchen fast immer gut ausgehen, wird den jungen Zuhörern Mut gemacht, sich ihren eigenen Entwicklungsaufgaben zuzuwenden (vgl. Steffen 2008, S. 376). Bettelheim betrachtet das Märchen aber nicht nur einseitig in Bezug auf seine psychologische Wirkung auf Kinder:

> „Die Verzauberung, die wir erleben, wenn wir es uns gestatten, auf ein Märchen zu reagieren, entstammt nicht seiner psychologischen Bedeutung (obwohl diese auch dazu beiträgt), sondern seinen literarischen Qualitäten – wir erleben das Märchen als Kunstwerk. Seine psychologische Wirkung auf das Kind könnte es nicht ausüben, wenn es nicht in erster Linie ein Kunstwerk wäre" (Bettelheim 1997, S. 19).

Das Märchen sollte also als „einzigartige, literarische Kunstform" betrachtet werden. Die viel gerügte Grausamkeit im Märchen werde dabei von Kindern sehr wohl verstanden, da sie einerseits nicht als wirklich aufzufassen sei und andererseits nicht in allen Einzelheiten geschildert und ausgemalt werde. Pointiert ausgedrückt kann man sagen, nicht die Hexe selbst verbrennt im Märchen *Hänsel und Gretel* im Ofen, sondern das durch sie repräsentierte Böse.

Und dennoch ist nicht zu leugnen, dass Grausamkeiten in vielen Märchen allgegenwärtig und daher nicht alle Märchen für jede Altersstufe geeignet sind. Altersempfehlungen können wie im vorangegangenen Kapitel dargestellt eine sinnvolle Orientierung bieten, obwohl Bettelheim auch hier eine entscheidende Einschränkung macht: „Wir können nicht wissen, in welchem Alter ein bestimmtes Märchen für ein bestimmtes Kind am wichtigsten ist, deshalb können wir nicht bestimmen, wann und aus welchen Gründen ihm eines der vielen Märchen erzählt werden sollte" (Bettelheim 1997, S. 25). Nur das Kind kann selbst entscheiden und offenbaren, was „ein Märchen in seinem Bewussten und Unbewussten wachruft". Deshalb ist es am Besten, so Bettelheim, „der Führung des Kindes zu folgen" (ebd.).

„Tiefere Bedeutung liegt in dem Märchen meiner Kinderjahre als in der Wahrheit, die das Leben lehrt", so wird Friedrich Schiller am Anfang dieser „Kleinen Pädagogik" zitiert. Das persönliche Urteil Schillers wird untermauert durch die psychologische Feststellung, dass Märchen zwar nicht die Wirklichkeit abbilden, aber doch Wahrheiten vermitteln. Dies gilt insbesondere für Kinder. Jean Piaget (1896-1980) hat seit den 1930er Jahren mit Hilfe von Versuchen, vorwiegend durchgeführt mit seinen eigenen Kindern, gezeigt, dass Kinder bis zum Pubertätsalter animistisch denken (→ Animismus). Für das achtjährige Kind zum Beispiel lebt die Sonne, weil sie Licht ausstrahlt. Selbst für 12-jährige Kinder haben Flüsse manchmal noch einen eigenen Willen, weil das Wasser in ihnen fließt (vgl. Bettelheim 1997, S. 56). Diese animistischen Konstruktionen der kindlichen Wirklichkeit werden durch das Märchen bedient.

Das seit den 1968ern in Misskredit geratene Märchen ist durch Bettelheims Studie wieder rehabilitiert worden. Auch wenn es laut Rölleke noch etwa „zehn bis zwölf Jahre" gedauert hat, so setzt mit „Kinder brauchen Märchen" der Wandel ein, der bis heute anhält (zit. n. Welt-online vom 27.9.07). Man ist auch heute noch damit beschäftigt, Märchen und ihre Wirkung auf Kinder psychologisch zu erforschen. Die These von Hans Dieckmann, dass viele Menschen ein Lieblingsmärchen hätten, das die Entwicklungskonflikte ihrer Kindheit widerspiegelt, ist erst kürzlich von der italienischen Psychologin Verena Bertignoll in einer kleinen qualitativen Studie überprüft und bestätigt worden. Demnach mochten Kinder mit ähnlich gelagertem Charakter oft die gleichen Märchen. Bertignoll schlussfolgert daraus, dass auf diese Weise ihre Ängste mithilfe von Märchen aufgedeckt und frühzeitig überwunden werden könnten (vgl. Focus-online vom 14.6.2009). Doch soll es hier weniger um die therapeutischen Funktionen von Märchen gehen, als vielmehr um die wichtigsten pädagogischen Funktionen, die sich wie folgt zusammenfassen lassen (vgl. ebd.):

- Märchen sind für Kinder besonders bedeutsam, denn sie schaffen erste Berührungspunkte mit fundamentalen Wahrheiten und Problemen (z.B. Angst, Aggressionen und Tod). Insofern sind die Grausamkeiten in Märchen nicht negativ aufzufassen.
- Märchen bieten Identifikationsangebote und lassen vor allem aufgrund ihrer Kürze im Unterschied zu vielen modernen Erzählungen besonders viel Interpretationsspielraum und bieten so Projektionsflächen für das Kind.
- Das Kind kann, weil im Märchen viele Gefühle und Empfindungen der Figuren nicht ausgesprochen werden, diese stellvertretend für die Figur entwickeln und damit auch eigene Konflikte neu erleben. Dadurch kann eine kathartische (reinigende) Wirkung erzielt werden.

Neben der Bedeutung der Märchen für Kinder aus psychologischer Perspektive gibt es eine Reihe weiterer pädagogisch bedeutsamer Lern- und Entwicklungsziele, die sich aus dem „ganzheitlichen" Ansatz von Bettelheim ableiten lassen. In den folgenden Beiträgen von Christian Peitz, die ihren Schwerpunkt auf den Umgang mit Märchen in Kindertageseinrichtungen legen, steht der Aspekt der Sprachförderung im Vordergrund sowie die Bedeutung von Märchenpädagogik in Bezug auf das interkulturelle Lernen.

> **Stichwort Animismus**: Bezeichnung für den Glauben von Kindern, dass alles in der Natur beseelt ist, das heißt mit Leben und Absicht erfüllt ist.

Märchen und Märchenmedien in Kindertageseinrichtungen
Von Christian Peitz

A) Märchen als Sprachförderung

Wenn über Sprachförderung gesprochen wird, sind damit zumeist förderdiagnostische Angebote gemeint. Es sind Angebote für Kinder, die in den Bereichen Aussprache, Wortschatz oder Grammatik noch nicht den erwarteten Entwicklungsstand haben. Sprachförderung kann aber auch als grundsätzliche pädagogische Aufgabe verstanden werden. Die Sprache ist quasi das *Werkzeug* der Pädagogik und zugleich ein wichtiger Bildungsinhalt. Wenn wir Kindern helfen, einen Konflikt zu lösen, wenn wir mit ihnen spielen oder anders in Kontakt sind, wann immer wir mit Kindern zu tun haben, spielt Sprache eine Rolle. Auch beim Vorlesen von Märchen.

Märchen und innere Prozesse
Für Bettelheim stellen Märchen eine Projektionsfläche dar. Themen und Probleme, die Teil der kindlichen Entwicklung sind, finden sich im Märchen wieder und helfen Kindern dadurch bei den notwendigen Reifungsprozessen. Ein Beispiel ist der Umgang mit Angst und der Ablösung von den Eltern. Wenn Rotkäppchen oder auch Hänsel und Gretel alleine im dunklen Wald unterwegs sind, der groß und undurchsichtig ist und manche Gefahren in sich birgt, dann wird ein Gefühl getroffen, das Kinder durchaus auch kennen und verarbeiten müssen. Der dunkle Wald ist für sie vielleicht der Weg, den sie beschreiten, wenn sie das erste Mal allein zum Einkaufen gehen. Die Identifikation mit der Märchenfigur findet hierbei über das gemeinsame Gefühl statt. Der Psychologe C.G. Jung ergänzte Bettelheims Theorie: Die Gestalten der Märchen sind für ihn als Personifikationen seelischer Kräfte zu sehen. Märchen erzählen nicht nur eine Geschichte. Sie erzeugen, so Bettelheim, abstrakte Bilder für die Gefühle. Sie enthalten viele Themen, die dem Denken und den emotionalen Bedürfnissen der

Vorschulkinder entsprechen. Sie geben Kindern also Worte und Bilder für ihr inneres Erleben. Sprachförderung bedeutet also in diesem Zusammenhang nicht direkt, die Aussprache, den Wortschatz oder die Grammatik zu verbessern, sondern eine Sprache für die Gefühlswelt zu finden. Kinder müssen auch lernen, Sprache als Instrument der Reflexion zu nutzen. Und hier können Märchen einen Beitrag leisten.

Eine Schwierigkeit der Märchenarbeit mit Gruppen (zum Beispiel in der Kita) besteht darin, dass die Märchen vielen Kindern erzählt werden. Es dürfte schwer sein, ein Märchen zu finden, dass die Bedürfnisse aller Kinder zur gleichen Zeit hundertprozentig trifft. Jedes Kind hat seine eigenen Entwicklungsthemen, und die Zusammensetzung der Kleingruppe ist genauso wichtig wie die Auswahl des Märchens. Es muss zudem bedacht werden, dass Kinder sich in einer Gruppe anders verhalten als in einer familiären Erzählsituation. Sie werden nicht so offen Ängste äußern, und vielleicht, wenn sie das Märchen schon kennen, greifen sie durch Miterzählen in die Märchenhandlung ein. Es gibt verschiedene Möglichkeiten, Kinder einzubeziehen. Wenn man die Märchen vorbereitet, kann man unterschiedliche Schwerpunkte setzen: Es kann passend zum Märchen ein Fingerspiel entwickelt werden. Wiederkehrende Geräusche können durch die Kinder imitiert werden. Je nach Märchen sind auch Bewegungsspiele denkbar.

Sprachliche Zusammenhänge
Märchen können also durchaus als Angebot zur Sprachförderung gesehen werden, und je nach Aufarbeitung zur Stärkung der Selbst- und Sozialkompetenz verwendet werden. Wenn man Märchen allerdings aus rein sprachlicher Perspektive betrachtet, eröffnet sich ein weiterer Ansatz: Märchen können auch Sachkompetenzen fördern. Sie enthalten Bilder, die sich nutzen lassen, sprachliche und andere Zusammenhänge zu verstehen und einordnen zu können.

Ein Beispiel: Das Märchen „Der Froschkönig" beinhaltet die Rückverwandlung eines verwunschenen Prinzen aus seiner Frosch- in seine Menschengestalt. Oft wird gesagt und dargestellt, dass die Prinzessin den Frosch küsst, damit er sich zurückverwandelt. Dies ist allerdings falsch. Sie wirft ihn gegen die Wand. Jetzt könnte man meinen, dass dieses Detail ziemlich irrelevant ist, und dass die Variante mit dem Kuss irgendwie netter sei. Wenn man die Stelle jedoch aus sprachlicher Sicht betrachtet, fällt auf, dass das Wort *VerWANDlung* als Bestandteil das Wort *Wand* enthält. Der Prinz wendet bzw. WANDelt sich vom Frosch zum Menschen. Genau wie eine Wand hat er zwei Seiten.

Die Brüder Grimm waren nicht etwa Autoren, sie waren Sprachwissenschaftler und haben beim Sammeln und Aufschreiben der alten Volksmärchen auf eben solche Feinheiten großen Wert gelegt. Das im Beispiel bedeutsame Wort *Wand* stammt von *winden*. Das liegt daran, dass Wände ursprünglich geflochten wurden. Wand bedeutet also „das Gewundene, das Geflochtene". Nun stellt sich die Frage, was solche sprachwissenschaftlichen Märchenbetrachtungen mit der pädagogischen Praxis zu tun haben. In der Arbeit mit Kindern spielt dies zumindest eine indirekte Rolle.

Kinder können durch Märchen ein besseres Sprachgefühl entwickeln. Auch wenn sie nicht unmittelbar verstehen, *wie* die Wörter „Wand", „wenden", „winden", „wandeln", „verwandeln", „umwandeln", „Verwandlung", „Umwandlung" usw. zusammenhängen, werden sie doch mit der Zeit ein Gefühl dafür bekommen, dass sie zusammengehören. Praktisch könnte man dies aufarbeiten, indem man mit Kindern ein Wechselbild malt: auf der einen Seite Frosch, auf der anderen Prinz. Wenn man dies an einem Faden vor der Wand aufhängt, kann man durch einfaches *Wenden* die andere Seite zum Vorschein bringen.

Sprachliche Zusammenhänge wie diese sind im Märchen sehr viel häufiger vertreten als in anderen Geschichten. Dies gilt auch für das Handwerk. Im Märchen gibt es Berufe und Werkzeuge, die im Leben der Kinder von heute keine Rolle mehr spielen. Der

Müller beispielsweise taucht in einigen Märchen auf. Heute wird seine Arbeit, das Mahlen von Mehl, maschinell erledigt. Kinder wissen, dass es das Brot beim Bäcker gibt, aber den Prozess vom Getreide bis zum Brot kennen viele Kinder nicht. Sprachförderung ist ganz grundsätzliche Bildungsarbeit und bedeutet auch, Kindern Worte zu geben, die ihnen helfen, die Welt zu verstehen. Märchen tragen dazu bei.

Märchenparodien als Suchspiel
Schließlich ein paar Ideen zum Thema „Märchenparodien" (Verdrehte Fassung einzelner Märchen) und „Märchencollagen" (Geschichten, in denen verschiedene Märchen durcheinander erzählt werden). Diese werden ja gemeinhin als für Kinder ungeeignet eingestuft, weil sie die romantische Vorstellung von Märchen verunglimpfen. Für viele Märchenparodien stimmt dies leider, aber es gibt auch gute Parodien und Collagen, und diese sind für Kinder, die mit Märchen schon vertraut sind, sehr spannend, denn die Kinder können als „Märchenpolizei" in diesen verdrehten Märchen auf die Suche nach Fehlern und bekannten Motiven gehen. Dies macht Kindern genau wie Rätselraten sehr viel Spaß und verschafft ihnen Erfolgserlebnisse. Außerdem festigen sie dadurch ihr Märchenwissen. Wer Spaß am Geschichtenschreiben hat, kann passende Texte auch relativ schnell selbst erstellen. Allerdings können Kinder nur dann etwas mit Parodien und Collagen anfangen, wenn sie die Originale kennen.

B) Kreativer Märcheneinsatz im interkulturellen Zusammenhang
Von Christian Peitz

Märchen sind ein wichtiges Kulturgut: sie sind quasi die Urgeschichten, die über Generationen hinweg erzählt wurden, bis Märchensammler auf die Idee kamen, sie aufzuschreiben. Interessanterweise hat jede Kultur ihre eigenen Volksmärchen hervorgebracht. Diese enthalten zwar jeweils regionale Unterschiede, aber durchaus auch verbindende Gemeinsamkeiten wie zum Beispiel die formelhafte Sprache und das Auftreten wundersamer Ereignisse und fabelhafter Wesen. Es bietet sich also an, den Märcheneinsatz in der Kita auch aus dem Blickwinkel interkultureller Pädagogik zu betrachten.

Die Auswahl passender Märchen für eine Gruppe von Kindern ist eine anspruchsvolle Aufgabe. Die Märchen müssen sowohl in Handlung und Sprache verständlich als auch inhaltlich interessant sein. Hier gilt: die bekannten Märchen sind für die Kinder meist die spannendsten. Und sie sind auch ein wichtiger Aspekt kultureller Bildung, denn Märchen wie „Der Froschkönig", „Rotkäppchen", „Schneewittchen" oder andere sollte man einfach kennen. Sie werden in vielen Situationen aufgegriffen und zitiert, sei es in Film, Werbung oder anderen Zusammenhängen. Die meisten Märchen eignen sich jedoch nicht für eine Gesamtgruppe, da insbesondere jüngere Kinder leicht überfordert sind. Jedoch gibt es durchaus auch einfachere Märchen, die sich mal für einen Sitzkreis eignen.

Neben dem Niveau kann auch die Eignung aus interkultureller Sicht bei der Märchenauswahl eine Rolle spielen. Hier kann man sich bei der Recherche unter anderem daran orientieren, welche Kulturen in der jeweiligen Kindergruppe vertreten sind. Da es in Deutschland sehr viele russische und muslimische Familien gibt, könnten neben den bekannten Märchenklassikern der Gebrüder Grimm zum Beispiel auch die russischen Volksmärchen, gesammelt von Alexander Nikolajewitsch Afanasjew, und die Märchen aus 1001 Nacht einbezogen werden. Aber der Buchmarkt und die Büchereien haben auch darüber hinaus viel zu bieten, von chinesischen über afrikanische bis hin zu indianischen Märchen.

Interkulturelle Aspekte im Märchen
Der interkulturelle Aspekt der Märchen findet sich jedoch nicht nur in der Tatsache, dass es in jeder Kultur Märchen gibt, sondern vor allem in den inhaltlichen Themen. Interkulturelle Päda-

gogik setzt nicht nur auf Unterschiede, sondern in besonderem Maße auch auf die Gemeinsamkeiten verschiedener Kulturen. Märchen erzählen von Nöten, Ängsten, Leid, Armut, Einsamkeit, usw. Das sind Themen, die jedes Kind, unabhängig von seinem kulturellen Hintergrund, im Laufe seiner Entwicklung beschäftigen, und so könnte es durchaus sein, dass sich ein muslimisches Kind in „Hänsel und Gretel" eher wiederfinden kann als in einem türkischen oder arabischen Volksmärchen.
Märchen sind durch ihre Auseinandersetzung mit kindlichen Entwicklungsthemen durchaus auch als Brücke zwischen den Kulturen zu sehen, denn Ängste und Sorgen kennen keine Grenzen, im Gegenteil: sie verbinden. Interkulturelles Handeln beschränkt sich nicht darauf, sich mit anderen Kulturen auseinanderzusetzen. Es geht vielmehr um das gemeinsame Erleben, das Handeln „zwischen den Kulturen". In Bezug auf Märchen bedeutet dies zum einen, dass man bei der Auswahl über den Tellerrand der Grimmschen Märchensammlung schauen und sich auch von internationalen Märchen inspirieren lassen sollte. Auf der anderen Seite heißt es aber auch, Märchen nicht dazu zu nutzen, auf die Unterschiede zwischen den Kulturen hinzuweisen, sondern im Gegenteil die gemeinsamen Aspekte in ihnen zu finden und mit den Kindern zu erleben. Interkulturelle Pädagogik meint das Erfahren von Unterschieden und Gemeinsamkeiten, und gerade letzteres ist in Märchen zu finden und unterstützt die Entwicklung gegenseitiger Achtung. Ob nun der Bösewicht im chinesischen Märchen ein Drache, im russischen oder deutschen Märchen ein Wolf oder im afrikanischen Märchen ein Krokodil ist – die Angst vor dem Bösewicht werden die Kinder gemeinsam erleben.
Auf der Suche nach geeigneten Märchen sollte man auch mit den Eltern ins Gespräch kommen und sie fragen, ob sie zu Hause Märchen erzählen und wenn ja, welche das sind und wie diese bei den Kindern ankommen. Vielleicht kennen ausländische Eltern Märchen aus ihrem Heimatland, die sie empfehlen oder sogar selbst vortragen können.

Einzelne Märchen multikulturell lesen
Lange Zeit wurden verschiedene Märchen durch Seefahrer und andere Reisende in die Welt hinaus getragen, weitererzählt und dabei immer verändert. Allein von „Aschenputtel" sind mehr als 400 Versionen bekannt. Und das Märchen „Ali Baba und die 40 Räuber" aus der orientalischen Märchensammlung „1001 Nacht" taucht auch in der Grimmschen Sammlung auf. Hier hat es den Titel „Der Simeliberg" (KHM 142).
Anhand des bekannten „Rumpelstilzchen"-Märchens soll aufgezeigt werden, wie man ein Märchen mit einer Kindergruppe multikulturell lesen kann: Es gibt viele unterschiedliche Versionen des „Rumpelstilzchen"-Stoffs. Allein die Brüder Grimm hatten drei verschiedene, die sich in Details unterschieden. In einer lief das Männlein am Ende zornig davon, in einer anderen flog es auf einem Kochlöffel weg und erst in der letzten Version zerriss sich Rumpelstilzchen selbst in zwei Teile. Veröffentlicht wurde diese Version im Zweitdruck der grimmschen Sammlung (1819). Bekannt ist Rumpelstilzchen vor allem durch seinen Ausspruch:
„Heute back ich, Morgen brau ich,
Übermorgen hol ich der Königin ihr Kind;
Ach, wie gut ist, dass niemand weiß,
dass ich Rumpelstilzchen heiß!"

Nachdem man Kindern die bekannte Version erzählt hat, könnte man darüber berichten, dass Märchen oft weltberühmt sind, aber in jedem Land ein wenig anders erzählt werden. In Frankreich heißt der Kobold nicht *Rumpelstilzchen*, sondern *Ricdin-Ricdon*. Das Märchen wurde aufgeschrieben von Marie-Jeanne L'Héritier de Villandon, der Nichte (bzw. Tochter, das ist nicht genau geklärt) des französischen Märchensammlers Charles Perrault. Hier sagt der Kobold zwar seinen Namen, aber durch einen Zauber vergisst die Prinzessin ihn gleich wieder. *Ricdin-Ricdon* ist in vielen französischen Märchensammlungen und über das Internet zu finden. In dieser Version des Märchens lautet der Spruch des Männleins:

„Wenn dem Mädchen hübsch und fein,
das nur Kinderspiele kennt,
würde noch im Kopfe sein,
dass Ricdin-Ricdon der Name mein,
fiel' sie nicht in meine Händ'.
So hol' ich sie morgen. Nein,
niemand meinen Namen kennt."

In der englischen Version heißt das Männlein *Tom Tit Tot*. Diese Version des Märchens erschien 1878 im „Ipswich Journal" und ist heute in verschiedenen englischen Märchensammlungen, aber auch im Internet zu finden. Der Ausspruch des Männleins lautet:
„Nimmy nimmy not,
Mein Nam' ist Tom Tit Tot!"

Es gibt neben der deutschen, der englischen und der französischen auch eine entsprechende dänische Märchenfigur *Trillevip*. Diese wurde 1854 aufgezeichnet und findet sich in Grundtvigs Märchensammlung. Hier sagt das Männlein:
„Ich spinn und hasple fleißig,
Eine schöne Jungfrau weiß ich,
Trillevip heiß ich!"

Nicht nur die Sprüche des Männleins unterscheiden sich von Märchen zu Märchen, sondern auch das Aussehen. Bei den Grimms wird *Rumpelstilzchen* als Männlein mit Zipfelmütze beschrieben. *Ricdin-Ricdon* ist ein großer Mann mit dunklem Blick. Und *Tom Tit Tot* ist ein kleiner teufelsähnlicher Kobold: „Ein dünnes, kleines, schwarzes Ding mit einem langen Schwanz." Der Kobold, so heißt es im Märchen, wirbelt immerzu mit dem Schwanz herum. Das dänische Männlein *Trillevip* wird (ähnlich wie Rumpelstilzchen) als kleiner Knirps mit roter Mütze beschrieben. Kindern diese verschiedenen Fassungen des Märchens zu erzählen und mit ihnen darüber zu sprechen ist gewiss interessant und öffnet den Blick über den Tellerrand hinaus in zweierlei

Hinsicht. Kinder lernen, dass es mehr gibt, als die von den Brüder Grimm aufgeschriebenen Märchen, und können über die Märchen eine Neugierde für andere Kulturen entwickeln.

Märchen und Märchenmedien im Schulunterricht

Eine „Märchenpädagogik" als eigenständige Disziplin innerhalb der Erziehungswissenschaft gibt es nicht. Aber Psychologen, Pädagogen, Soziologen und Literaturwissenschaftler haben immer wieder die pädagogische Bedeutung von Märchen hervorgehoben. Insgesamt lassen sich dabei drei Grundrichtungen unterscheiden (vgl. Richter 2002, S. 476f.):

1.) Sozialisationstheoretische, psychologische, psychoanalytische und therapeutische Ansätze,
2.) Ansätze aus Sicht der Erzählforschung, der kultur- und kulturvergleichenden Forschung, die Kindern die Erfahrung von fremden Werten, Welten und Ordnungen, und damit das Andersartige (Alterität) nahe bringen können,
3.) literaturwissenschaftliche Ansätze, die Märchen als literarische Gattung sehen, die von großer Bedeutung für die ästhetische Erziehung sind und das literarische Verstehen, Kreativität und Phantasie fördern.

Die erste Grundrichtung, die im Kapitel „Kinder brauchen Märchen" schon behandelt wurde, spielt im Wesentlichen eine Rolle bei der frühkindlichen Erziehung und beim therapeutischen Umgang mit Märchen. Während sich der letzte Beitrag von Christian Peitz vor allem auf die zweite Grundrichtung bezieht, folgen nun bezogen auf den dritten Aspekt praktische Hinweise mit Blick auf die Märchenerziehung in Schule und Unterricht. Dabei werden Märchen fach- und medienübergreifend behandelt. Der Schwerpunkt der folgenden exemplarischen Beispiele liegt auf den Medien Text, Hörspiel und Schauspiel.

Märchentexte

Zum Umgang mit Märchentexten wurden schon viele Vorschläge gemacht, die über das Hören und Erzählen von Märchen hinausgehen. Diese älteste literarische Gattung ist ein hohes kulturelles Gut, das sowohl ästhetisches Vergnügen bereitet, als auch heilsam wirken kann, und sich bei der Persönlichkeitsbildung als nützlich erweist. Der Neurobiologe Gerald Hüther bezeichnet Märchen als „Superdoping für Kinderhirne" (zit. n.: Welt-online vom 27.09.2007). Eine sicherlich nicht ganz glückliche Formulierung, aber durch sie wird deutlich, dass durch den Umgang mit Märchen die emotionalen Zentren im Gehirn aktiviert werden und die Phantasie und Kreativität angeregt wird. Die Bilder und Gefühle müssen im Kopf erzeugt werden (vgl. ebd.). Praktische Beispiele zur Behandlung von Märchentexten im Unterricht finden sich im Anschluss an die Kapitel II, III, IV und VI.

Märchenhörspiele

Das Märchenhörspiel ist für gewöhnlich eine akustische Inszenierung einer literarischen Vorlage. Hier werden die Märchenfiguren durch ihre Sprechanteile und Stimmen als konkrete Charaktere wahrnehmbar.
Aber auch hier müssen die Bilder – im Gegensatz zu Märchenverfilmungen – selber im Kopf erzeugt werden. Deshalb sind auch Hörspiele gut geeignet, um die Phantasie anzuregen. Märchenhörspiele können im Unterricht als eigenständiges Medium behandelt werden, eignen sich aber auch gut als Einstieg in eine Unterrichtsreihe zum Thema Märchen. Selbstverständlich können Märchenhörspiele auch zwischendurch oder am Ende einer Reihe als Auflockerung, zur Entspannung oder als eine Form der „Phantasiereise" eingesetzt werden (Empfehlungen hierzu finden sich im Anhang C). Nach dem gemeinsamen Hören ist es sinnvoll, ein Unterrichtsgespräch anzuschließen.

Am Anspruchvollsten ist es, ein eigenes Hörspiel zu konzipieren und dann entweder live zu präsentieren oder aufzunehmen. Als Einstieg könnte hier ein Märchenhörspiel zur Inspiration und Motivation vorgespielt werden. Im Folgenden dazu ein Beispiel, wie man mit einer Klasse ein Märchenhörspiel produziert.

Beispiel:
Hörkino – Ein Märchenhörspiel selbst gestalten
(Klasse 4-6)

Das Ziel dieser produktionsorientierten Unterrichtsidee ist es, dass die Schülerinnen und Schüler ein Märchen in einen dialogischen Hörspieltext umformen und akustisch gestalten. Der vorliegende Text – hier ein Märchen aus Portugal – dient als Beispiel zur Vertonung. Viele andere Märchen eignen sich ebenso gut. Grundsätzlich ist es sinnvoll, bei der Lektüre des Märchens mit der Frage einzusteigen: Was teilt der Text als hörbar mit?, bevor man in Gruppen weitere Ideen sammelt für die Konkretisierung der akustischen Umsetzung.

Der Prinz mit den Eselsohren (Märchen aus Portugal)

(I) Es war einmal ein König, der war sehr traurig, weil er keine Kinder hatte. Da ließ er drei Feen rufen, die bewirken sollten, dass die Königin ihm einen Sohn schenkte. Die Feen versprachen dem König, seine Wünsche zu erfüllen.
(II) Nach neun Monaten wurde dem Königspaar ein Sohn geboren und die Eltern betrachteten glücklich ihr Neugeborenes. Da erschienen die Feen wieder und die erste Fee sprach: „Du sollst der schönste Prinz der Welt werden." Die zweite Fee sprach: „Du sollst sehr tugendhaft und verständig werden." Die dritte Fee aber ärgerte sich, dass die anderen Feen schon so viele gute Gaben vorweggenommen hatten. In ihrem Zorn sagte sie: „Damit Du nicht hochmütig wirst, sollen Dir Eselsohren wachsen!" Der König war außer sich, doch bevor er etwas sagen konnte, waren die drei Feen schon wieder verschwunden.

(III) Schon bald darauf wuchsen dem Prinzen Eselsohren. Doch König und Königen wollten nicht, dass das jemand erführe. Sie ließen eine Mütze anfertigen, die der Prinz immer tragen sollte, um die Ohren damit zu verdecken. Der Prinz wurde von Tag zu Tag schöner, und niemand auf dem Hof wusste, dass er Eselsohren hatte. Doch schließlich kam er in das Alter, in dem er rasiert werden musste. Außerdem mussten ihm die Haare geschnitten werden. Daher ließ der König einen Barbier rufen und sagte zu ihm: „Du wirst den Prinzen rasieren und die Haare schneiden, aber wenn Du irgendjemandem sagst, was Du unter seiner Mütze siehst, so musst Du sterben."

(IV) Der Barbier hatte große Lust zu erzählen, was er gesehen hatte, aber die Angst, sterben zu müssen, ließ ihn schweigen. Eines Tages ging er zur Beichte und sagte zu seinem Beichtvater: „Vater, ich habe ein Geheimnis, das bedrückt mich so sehr. Wenn ich es nicht jemandem anvertrauen kann, sterbe ich, und wenn ich es jemandem anvertraue, lässt der König mich töten. Sagt mir, Vater, was ich tun soll!" Der Beichtvater antwortete ihm, er solle in ein einsames Tal gehen, dort ein Loch graben und das Geheimnis so oft da hinein sprechen, bis er von dieser Last befreit sei. Dann solle er das Loch mit Erde wieder zuschütten. Der Barbier tat es, und nachdem er das Loch zugeschüttet hatte, ging er ganz erleichtert nach Hause zurück.

(V) Nach einiger Zeit wuchs an der Stelle, wo der Barbier das Loch gegraben hatte, Schilfrohr. Als Hirten mit ihren Schafen dort vorbeikamen, schnitten sie das Rohr und machten sich Flöten daraus. Aber als sie dann auf den Flöten spielten, erklangen leise Stimmen, die sangen: „Der Prinz hat Eselsohren."

(VI) Diese seltsame Nachricht verbreitete sich schnell im ganzen Land und kam auch dem König zu Ohren. Er befahl die Hirten zu sich, um auf solch einer Flöte zu spielen. Und tatsächlich erklangen immer dieselben Melodien und Stimmen, die sprachen: „Der Prinz hat Eselsohren." Auch der König selbst spielte, und bei jedem Mal hörte er wieder die Stimmen.

(VII) Da ließ der König abermals den Barbier rufen und wollte ihn hinrichten lassen. Aber der junge Prinz war damit gar nicht einverstanden, bat für sein Leben, zog die Mütze ab und rief: „Sollen doch alle wissen, dass ich Eselsohren habe!" Als er aber die Mütze in Anwesenheit des ganzen Hofes abnahm, sahen alle, dass er keine Eselsohren mehr hatte!

> Von jenem Tag an hörte man aus den Flöten, die die Hirten machten, die Worte nicht mehr: „Der Prinz hat Eselsohren."

Das Märchen ist in sieben Abschnitte unterteilt. In sieben verschiedenen Gruppen werden Ideen zur dialogischen Umgestaltung und akustischen Umsetzung gesammelt. Je nach Klassengröße müssen auch verschiedene neue Rollen und Charaktere hinzugefügt werden. Dies ist wichtig, weil jede Schülerin und jeder Schüler an dem Stück beteiligt sein soll. Hier folgt nun als Beispiel die Umsetzung des ersten Erzählteils (Zeile 1-3), erarbeitet von einer fünften Klasse eines Gymnasiums. Als Figuren wurden dem Originalmärchen in diesem Teil ein Erzähler und ein Diener des Königs hinzugefügt sowie verschiedene akustische Anweisungen:

(Einleitung: eine königliche Melodie)

ERZÄHLER: Es war einmal ein König, der hatte keine Kinder. Die Königin und der König wünschten sich aber sehnlichst einen Sohn, der später König werden sollte. Eines Tages rief der König seinen Diener zu sich.

KÖNIG *(schreit)*: Diener! *(Trommel, lauter werdend, die Fußgetrappel imitiert)*

DIENER *(hält sich die Nase zu beim Sprechen)*: Ja, eure Majestät, was wünschen sie?

KÖNIG: Ich und meine Frau, wir wünschen uns schon seit langem ein Kind.
KÖNIGIN *(fällt ihm ins Wort)*: Aber es klappt einfach nicht!
KÖNIG: Deshalb wollen wir, dass Sie die drei Feen aus dem Fabelwald holen.

DIENER: Sehrwohl, Eure Majestät.
(Trommel, leiser werdend, die Fußgetrappel imitiert, Darstellung des Fabelwaldes: Blätterrascheln, Ästeknacken, Eulenrufe, geheimnisvolle Laute, Triangel…)

> ERZÄHLER: Der Diener eilte los und ein paar Stunden später erschienen die Feen.
> (*Glockenspiel, die Feen machen „Sssssss"*)
>
> ALLE DREI FEEN: Warum haben sie uns gerufen?
>
> KÖNIGIN (*flehend*): Wir wünschen uns so sehr einen Sohn.
> KÖNIG: Könntet ihr uns helfen?
> DRITTE FEE (*genervt*): Schon wieder so was!
> ERSTE FEE: Hey, hör auf damit. Natürlich werden wir Ihnen helfen.
> ZWEITE FEE: Ich, he, he, he, werde sofort den Storch holen. He, he, he. Der wird uns dabei unterstützen, he, he, he.
>
> KÖNIG: Ja, was ist denn nun?
>
> ALLE FEEN: Nun gut, wir versprechen es.
> (*Feen fliegen weg: Glockenspiel und „Sssssss..."*)

Jede der sieben Gruppen schreibt einen dialogischen Textentwurf und ihre zusätzlichen Ideen (Geräusche u.ä.) auf eine Folie und stellt sie der Klasse vor. Das Plenum würdigt die Arbeit, ergänzt weitere Ideen und macht ggf. Änderungsvorschläge. Dabei sind folgende Fragestellungen zu berücksichtigen: Ist der Text sprachlich und inhaltlich stimmig? Und: Passt der Dialog zur Vorlage? Bei der Vorstellung der Texte kann man auch schon darauf achten, welche Schülerin/welcher Schüler für welche Sprech- oder Geräuschrolle besonders geeignet ist. Wichtig ist auch, zu überlegen, ob die jeweilige Stimme zur Rolle passt und sie einen möglichst großen Wiedererkennungswert hat.
In der nächsten Phase werden die so entstandenen sieben Fassungen zusammengefügt, wobei es notwendig sein wird, sie sprachlich und von den Rollen her einander anzupassen und zu überarbeiten. Die so entstehende erste komplette Fassung sollte von einer Schülerin oder einem Schüler abgetippt und von der/dem Lehrer/in für alle kopiert werden.

Dann erprobt man die praktische Umsetzung. Man verteilt die Rollen (vielleicht ist ein Sprecher-Casting sinnvoll) und überlegt sich die konkrete klangliche Ausgestaltung und musikalische Bearbeitung. Wichtig sind hierbei folgende Fragen: Wer spielt welches Instrument? Wer kann womit welche Geräusche erzeugen? Es bietet sich eine Kooperation mit dem Musikunterricht an. Die Anfangsmelodie könnte selbst komponiert werden, die Hauptmelodie („Der Prinz hat Eselsohren") kann von der Klasse gespielt und flüsternd gesungen werden. Auch hierfür folgen zwei Beispiele, die sich aus der praktischen Umsetzung mit einer fünften Klasse ergeben haben:

Titelmelodie-Idee zum Hörspiel: „Der Prinz mit den Eselsohren" (leicht spielbar und abänderbar):

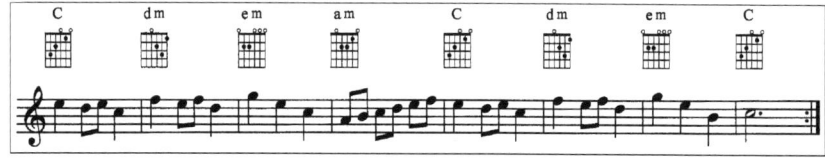

Thema: „Der Prinz hat Eselsohren" (Flöten, Gitarre, Gesang)

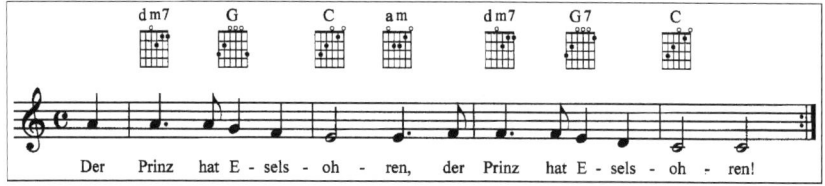

Nun kann das musikalische Hörspiel geprobt werden. Änderungen, die sich sicherlich ergeben, werden im Skript notiert, das, falls nötig, noch einmal zu einer Endfassung überarbeitet wird. Sind alle Rollen und Aufgaben verteilt, markiert jeder seine jeweiligen Einsätze farbig in seinem persönlichen Skript. Sobald das Hörspiel ausreichend geprobt wurde, kann man es als Hörkino-

Vorstellung zur Aufführung bringen (für andere Klassen, bei einem Elternabend oder einem Schulfest) und/oder aufnehmen und als CD produzieren. Will man eine CD produzieren, benötigt man zusätzlich ein Cover und CD-Etiketten. Hier ist denkbar, dass ein Schülerteam das Cover gestaltet (ggf. in Kooperation mit dem Kunstunterricht), das dann für alle vervielfältigt wird. Möglich ist aber auch, dass jeder sein eigenes, ganz persönliches Cover malt. Wenn das Hörspiel live aufgeführt wird, sollte man einen Raum auswählen, der möglichst frei von akustischen Störungen von außen ist und selbst eine gute Akustik hat. Findet die Aufführung abgedunkelt oder hinter einem Vorhang statt, können die Zuhörer völlig unabgelenkt, vielleicht sogar mit geschlossenen Augen dem akustischen Spiel lauschen.

Märchentheater

Für das Märchenschauspiel wird ein Märchenstoff als Theaterstück gestaltet. Die pädagogische Bedeutsamkeit des Theaterspiels liegt in der geforderten Vielseitigkeit und dem hohen Maß an Handlungsorientierung. Im Theaterspiel werden Sprache, Bewegung (Gestik und Mimik), Verkleidung, Bühnenbildgestaltung und Musikuntermalung miteinander vereint. Für den Pädagogen Hartmut von Hentig ist das Schauspiel daher „eines der machtvollsten Bildungsmittel". Denn es ist ein Mittel, „die eigene Person zu überschreiten, ein Mittel der Erkundung von Menschen und Schicksalen und ein Mittel der Gestaltung der so gewonnenen Einsicht" (von Hentig 1996, S. 119). Ein Märchen in ein Schauspiel umzusetzen, bietet sich in besonderer Weise an, weil es durch seine Kürze stofflich überschaubar ist und auch von jüngeren Kindern gut dargestellt und gespielt werden kann. Am besten ist es im Rahmen eines Projektunterrichts realisierbar. Auch hier soll anhand eines Beispiels aufgezeigt werden, wie ein Schauspiel erarbeitet werden kann. Als Grundlage dient ein Hörspieltext, der als Schauspielskript zwar schon umgearbeitet ist, aber ggf. noch erweitert und dann inszeniert werden muss. Hier geht es ähnlich wie beim Märchenhörspiel darum, gute Ideen zu sammeln und die Textvorlage mit den jeweils zur Verfügung stehenden Mitteln umzusetzen.

Der Poesieminister
(von Christian Peitz)

Personen: *Erzähler, Dichter (=Hofnarr), Kammerzofe, Prinzessin, Cousine der Prinzessin, zwei Wachen, mehrere Berater, Drache*

ERZÄHLER *tritt vor die Bühne*
„Es war einmal ein Dichter, der konnte an Regentagen mit seinen Gedichten die Sonne herbei locken und an heißen Sommertagen einen kühlen Wind. Einmal dichtete er für eine junge Frau ein Gedicht über einen Spiegel, das war so wunderbar, dass sie sich darin sehen konnte. Daraufhin verliebte sie sich unsterblich in den Dichter, und er verliebte sich in sie."
Auftritt Dichter und Kammerzofe.
DICHTER „Ich möchte immer mit Dir zusammen sein!"
KAMMERZOFE „Und ich mit Dir!"
ERZÄHLER „Die junge Frau arbeitete als Kammerzofe am Hofe einer Prinzessin. Um ihr möglichst nahe zu sein, nahm der Dichter eine Stelle als persönlicher Hofnarr der Prinzessin an."

Dichter/Prinzessin
PRINZESSIN „Als Hofnarr musst Du Tag und Nacht zu meiner Verfügung stehen. Wann immer es mir nach einem Scherz gelüstet, musst Du erscheinen und mich unterhalten."
DICHTER „Sehr wohl, Frau Prinzessin."
PRINZESSIN „Du darfst gehen."

Der Dichter geht mit seiner geliebten Kammerzofe im Schlossgarten spazieren. Es ist ein schöner Frühlingstag, die Sonne scheint und die ersten Blumen blühen.
KAMMERZOFE „Der Schlossgarten ist so schön im Frühling, findest Du nicht?"

DICHTER „Sehr schön, ja. Was allerdings noch fehlt, ist ein kleiner Bach, in dem ein paar bunte Fische schwimmen."
KAMMERZOFE „Das würde den Schlossgarten wirklich noch schöner machen."
DICHTER „Oh kühles Nass aus feiner Quelle, erfreue uns an dieser Stelle mit einem Flüsslein, klein und fein. Bring Fische in den Garten rein."
Ein Bach erscheint.

PRINZESSIN „Hofnarr, ich muss mich über Dich wundern. Ich hatte Dich für einen einfachen Witzbold gehalten. Aber Du bist ja ein Zauberkünstler."
DICHTER „Ach, ich bin doch nur ein kleiner Dichter."
PRINZESSIN „Nicht so bescheiden. Ab heute bist Du nicht mehr Hofnarr, sondern Poesieminister!"
DICHTER „Und was muss ich so machen als Poesieminister?"
PRINZESSIN „Wenn Du hin und wieder mal mit einem Gedichtlein aushelfen könntest, sobald Hilfe gebraucht wird, dann wäre ich schon voll und ganz zufrieden."
Die Prinzessin ab.
KAMMERZOFE „Mensch, du bist jetzt Poesieminister. Das ist ja großartig!"
DICHTER „Ja, mal sehen. Vielleicht kann ich ja auf diese Weise mit meinen Gedichten etwas Gutes tun."

Zwei Wachen kommen.
WACHEN „Poesieminister!"
WACHE 1 „Zur Prinzessin!"
WACHE 2 „Sofort!"
DICHTER „Hier bin ich! Was kann ich tun?"
PRINZESSIN *umgeben von Beratern* „Wir befinden uns im Krieg!"
BERATER 1 „Unsere Soldaten sind dem Feind nicht gewachsen!"
PRINZESSIN „Ich brauche von Dir ein Gedicht, mit dem man Feinde töten kann!"
DICHTER „Töten? Das ist ja grausam!"
PRINZESSIN „Es geht wohl nicht anders!"
BERATER 2 „Wir brauchen diese Geheimwaffe. Dringend!"
DICHTER „Ich werde mir etwas ausdenken!"

Der Dichter zieht sich zurück, doch ihm fällt zunächst kein Gedicht ein.
DICHTER *allein* „Feinde töten? Dazu ist doch die Poesie nicht da! Ich will versuchen, ein Gedicht des Friedens zu erdichten!"
ERZÄHLER „Als sein Gedicht vollendet war, begleitete er die Prinzessin in die Nähe des Schlachtfeldes, um von einem Hügel aus sein Gedicht vorzutragen."

Schlachtfeld. Von außen Kampfgeräusche.
DICHTER „Erstrahle, blauer Himmel von Norden bis Süden, gewähre Einlass nun Freude und Frieden, aus Waffen mach Blumen, voll Farbe und Pracht, aus Feinden mach Freunde, ganz friedlich und sacht."
PRINZESSIN „Das war etwas kitschig für meinen Geschmack!"
DICHTER „Aber es ist nun wieder Frieden, Frau Prinzessin. War das nicht das Wichtigste?"
PRINZESSIN „Mag sein, aber wir haben den Krieg nicht gewonnen. Dennoch bin ich natürlich mit Deiner Arbeit zufrieden, Poesieminister! Du kannst Dich zurückziehen!"

Zufrieden macht er sich auf den Weg zum Schloss, um seine Liebste zu besuchen, die bereits sehnsüchtig auf ihn wartet. Die Kammerzofe steht mit offenen Armen bereit, doch die Wachen stellen sich dem Dichter in den Weg.
WACHEN „Poesieminister!"
WACHE 1 „Zur Prinzessin!"
WACHE 2 „Sofort!"
DICHTER „Hier bin ich! Was kann ich tun?"
PRINZESSIN „Wir haben erneut ein Problem! Ein grausamer Drache hat meine Cousine entführt und will sie nun fressen. Ich brauche nun von Dir ein Gedicht, mit dem man den Drachen töten kann, auf dass er niemanden mehr tötet. Besonders nicht meine Cousine."
DICHTER „Ich werde mir etwas ausdenken!"

Der Dichter zieht sich erneut zurück, doch wieder fällt ihm zunächst nichts Passendes ein.
DICHTER „Ein Drache ist auch nur ein Mensch! Naja, ich meine, ein Geschöpf, das sich ernähren will. Den Tod hat er nicht verdient. Ich will versuchen, ihn durch ein Gedicht von seinem Hunger auf Fleisch abzulenken. Auf zur Drachenhöhle!"

Drachenhöhle mit Prinzessin und den Wachen.
DRACHE „Sieh da! Da kommt der Rest meines Abendessens!"
DICHTER „Oh Lindwurm, großer, halte ein, Menschenfleisch, das muss nicht sein! Genieße aus Kräutergarten und Wiese, doch lieber frisches Obst und Gemüse."
DRACHE „Seltsam. Ich habe auf einmal Appetit auf Kartoffelgratin mit Spinat."
COUSINE *fällt der Prinzessin in die Arme* „Gott sei Dank, ich bin gerettet!"
Wird von den Wachen nach Hause begleitet.
PRINZESSIN „Ein Gedicht wie eine Speisekarte! Hatte ich nicht den Tod des Drachen angeordnet?"
DICHTER „Seht doch! Er zieht sich zurück und hat Eure Cousine gehen lassen. Hattet Ihr nicht vor allem das gewünscht?"
PRINZESSIN „Natürlich! Solange sie lebt, bin ich mit Deiner Arbeit zufrieden, Poesieminister! Du kannst Dich jetzt zurückziehen!"
Ab. Der Poesieminister macht sich schleunigst auf den Rückweg zum Schloss und zu seiner Liebsten, die bereits sehnsüchtigst auf ihn wartet. Die Kammerzofe steht mit offenen Armen bereit, doch die Wache stellt sich dem Dichter wieder in den Weg.

WACHEN „Poesieminister!"
WACHE 1 „Die Prinzessin benötigt noch einmal Eure Dienste!"
WACHE 2 „Hopp! Hopp!"
DICHTER „Hier bin ich! Was kann ich diesmal tun?"
PRINZESSIN „Nun, meine Katze ist verschwunden."
DICHTER „Die wird sich wohl im Garten herumtreiben und Mäuse jagen!"
PRINZESSIN „Mag sein, mag nicht sein! Solange ich nicht ganz sicher bin, finde ich keine Ruhe. Ich brauche ein Gedicht, das meine Katze herbeilockt!"
DICHTER „Meint Ihr nicht, etwas frische Milch täte es genauso gut?"
PRINZESSIN „Keine Widerrede!"
DICHTER „Na schön! Ich mache mich an die Arbeit!"
ERZÄHLER „Nachdem er mit einem Gedicht die Katze herbeigelockt hatte, musste er noch für die Prinzessin ein größeres Bett herbeidichten, er musste für Sie Kleider dichten, Schmuck und edle Schuhe, und

als ihm vor Müdigkeit fast die Augen zu fielen, wurde er abermals gerufen."

Thronsaal.
WACHEN „Poesieminister!"
WACHE 1 „Die Prinzessin benötigt Eure Dienste!"
WACHE 2 „ Sofort und unverzüglich!"
Der Dichter schleppt sich müde in den Thronsaal.
DICHTER „Da bin ich, ich bin da. (gähnt) Was gibt es nun zu tun?"
PRINZESSIN „Poesieminister! Du bist eine Wucht von einem Mann! Ich habe mir ausgedacht, dass Du mein Prinz werden könntest."
DICHTER „Aber ich habe doch eine Freundin. Meine Kammerzofe. Und die habe ich auch lieb, da kann ich doch nicht Euer Prinz werden!"
PRINZESSIN „Die Liebe ist vergänglich, glaubt mir. (schweigt einen Moment) Und um das Ganze ein wenig zu beschleunigen, gebe ich Dir den Auftrag, ein Gedicht zu dichten, das dazu führt, dass Du Dich in mich verliebst!"
DICHTER „Aber Frau Prinzessin!"
PRINZESSIN „Befehl ist Befehl!"
DICHTER „Ich werde sehen, was sich da machen lässt."

ERZÄHLER „Er zog sich in seine Kammer zurück, schloss die Tür ab und dachte nach. Die ganze Nacht und den gesamten nächsten Tag. Am Abend schließlich trug er der Prinzessin sein fertiges Gedicht vor."
PRINZESSIN „Lass hören, ich bin sehr gespannt."
DICHTER „Die Liebe soll Euer Herz erfüllen, soll sanft mit Freude Euch umhüllen, soll höchstes Glück Euch bald bereiten, und überdauern alle Zeiten! Doch mit meiner Liebe ist das so eine Sache, drum wird Euer Prinz der feuerspeiende Drache!"

ERZÄHLER „Bereits einige Tage später fand die Hochzeit statt. Es war ein großes rauschendes Fest."
PRINZESSIN „Ich hab Dich lieb, mein großer starker Drache!"
DRACHE „Ich Dich auch! Und unser vegetarisches Hochzeitsmenü ist vom Allerfeinsten."
ERZÄHLER „Unser Dichter und seine Kammerzofe verließen den Hof der Prinzessin."

> *Vor der Bühne.*
> KAMMERZOFE „Soll sich doch die Prinzessin einen anderen Poesieminister suchen."
> DICHTER „Genau, wir werden mal sehen, was uns die Welt anderes zu bieten hat."
> ERZÄHLER „Sie reisten durch die große weite Welt und wurden miteinander sehr glücklich. Und wenn sie nicht gestorben sind, dann sind sie heut noch unterwegs."
> DICHTER und KAMMERZOFE zum Erzähler: „Und Du kommst mit!"
> *Alle drei ab.*

Dieses kleine Bühnenstück benötigt zehn Sprecherrollen. Es können aber noch weitere Sprechrollen und Statistenrollen ergänzt werden. Gerade bei der Andeutung des Krieges und der abschließenden Hochzeitszeremonie, die auch inhaltlich ausgestaltet werden könnte, können weitere Rollen besetzt werden. Reizvoll wäre es vielleicht, die Erzählerrollen zu erweitern und ggf. ein Erzählerpaar einzusetzen, das das Geschehen miteinander bespricht und kommentiert. Wenn man berücksichtigt, dass man neben einer empfohlenen Zweitbesetzung auch Schülerinnen und Schüler braucht für Musik, Klang, Geräuscheffekte, Bühnenbild, Licht, Schminke, Kleidung usw., wird schnell deutlich, dass sich dieses Theaterstückchen gut mit einer Gruppe mit einer Größe von bis zu 30 Personen umsetzen lässt.

VI. Erziehung im Märchen

Geht man von einem umfassenden Erziehungsbegriff aus, so kann man sagen, dass fast jedes Märchen Erziehung mehr oder weniger direkt thematisiert. Da der Märchenheld oft auf einer Wanderung Abenteuer und Aufgaben zu bestehen hat und entwicklungspsychologisch betrachtet dadurch Entwicklungsstufen durchläuft, kann man im Märchen eine Art „Erziehungs- oder Bildungsroman im Kleinen" (Kaiser 1984, Sp. 376.) sehen. Im Folgenden geht es um die Erziehung *im* Märchen. Es werden aber nur direkte erzieherische Handlungen in Märchen beispielhaft betrachtet.

Die pädagogische Kritik an Märchen richtet sich, wie deutlich wurde, vor allem gegen die dargestellten Grausamkeiten und die veralteten Rollenklischees der patriarchalischen gesellschaftlichen Verhältnisse. Märchen stünden, so wird vielfach bemängelt, für eine repressive und autoritäre Erziehung. Vorausgesetzt, dass diese Kritik zutreffend ist, müsste auch die dargestellte Erziehung im Märchen überwiegend, wenn nicht ausschließlich repressiv und autoritär sein. Wenn Märchen also im Sinne des Modelllernens eine pädagogische Wirkung beim Zuhörer erreichen wollen, dann müsste der dort vermutete autoritäre Erziehungsstil erfolgreich sein und der Zögling im Märchen für seinen Ungehorsam hart bestraft werden, damit eine für die Zuhörer abschreckende Wirkung erzielt werden kann. Diese im Folgenden zu untersuchende These kann allerdings nicht grundsätzlich bestätigt werden, sondern trifft allenfalls auf einzelne Märchen der Grimmschen Sammlung zu.

Wie werden Kinder im Märchen erzogen?

Im Froschkönigmärchen (KHM 1) sagt der König zu seiner Tochter folgende mahnenden Worte: „[W]as du versprochen hast, das musst du auch halten" und: „[W]er dir geholfen hat, als du in der Not warst, den sollst du hernach nicht verachten." Hierbei handelt es sich um direkte Zutaten Wilhelm Grimms, die sich tatsächlich vor allem an das märchenhörende Kinderpublikum richten (vgl. Kaiser 1984, Sp. 380). Dennoch ist erstaunlich, dass die Prinzessin nicht tut, was der Vater von ihr verlangt. Sie nimmt den Frosch nicht wie befohlen mit ins Bett, sondern wirft ihn an die Wand, und gerade dieser Ungehorsam führt zu der wundersamen Rückverwandlung des Frosches zum schönen Prinzen und damit zum „Happy End".

Es gibt bei den Grimms aber auch Märchen mit erzieherischen Absichten, die die Eigensinnigkeit von Kindern stark verurteilen und die Figuren entsprechend bestrafen, um eine abschreckende Wirkung zu erzielen. Neben dem Märchen „*Das eigensinnige Kind*" (KHM 117), das märchenuntypisch Rutenschläge als Erziehungsmittel zu befürworten scheint, findet sich in den Kinder- und Hausmärchen auch das Märchen „*Frau Trude*" (KHM 43) mit einem bitterbösen Ende, dem Tod als Strafe für das ungehorsame Mädchen:

Frau Trude (KHM 43)

Es war einmal ein kleines Mädchen, das war eigensinnig und vorwitzig, und wenn ihm seine Eltern etwas sagten, so gehorchte es nicht. Wie konnte es dem gut gehen? Eines Tages sagte es zu seinen Eltern: „Ich habe so viel von der Frau Trude gehört, ich will einmal zu ihr hingehen. Die Leute sagen, es sehe so wunderlich bei ihr aus und erzählen, es seien so seltsame Dinge in ihrem Hause, da bin ich ganz neugierig geworden." Die Eltern verboten es ihr streng und sagten: „Die Frau Trude ist eine böse Frau, die gottlose Dinge treibt, und wenn du zu ihr hingehst, so bist du unser Kind nicht mehr." Aber das Mädchen kehrte sich nicht an das Verbot seiner Eltern und ging doch zu der Frau Trude. Und als es zu ihr kam, fragte die Frau Trude: „Warum bist du so bleich?" „Ach", antwortete es und zitterte am Leibe, „ich habe mich so erschrocken über das, was ich gesehen habe." „Was hast du gesehen?" „Ich sah auf eurer Stiege einen schwarzen Mann." „Das war ein Köhler." „Dann sah ich einen grünen Mann." „Das war ein Jäger." „Danach sah ich ei-

> nen blutroten Mann." „Das war ein Metzger." „Ach, Frau Trude, mir grauste, ich sah durchs Fenster und sah euch nicht, wohl aber den Teufel mit feurigem Kopf." „Oh", sagte sie, „so hast du die Hexe in ihrem rechten Schmuck gesehen. Ich habe schon lange auf dich gewartet und nach dir verlangt, du sollst mir leuchten." Da verwandelte sie das Mädchen in einen Holzblock und warf ihn ins Feuer. Und als er in voller Glut war, setzte sie sich daneben, wärmte sich daran und sprach: „Das leuchtet einmal hell!"

Gebote und Verbote finden sich in vielen Märchen, ebenso wie sprichwörtliche Handlungsmaximen und Anstands- und Verhaltensregeln. Zwei Beispiele hierfür sind „*Der Wolf und die sieben jungen Geißlein*" (KHM 5, s.u.) und „*Rotkäppchen*" (KHM 26). In „*Rotkäppchen*" mahnt die Mutter zu Beginn: „[G]eh hübsch sittsam und lauf nicht vom Weg ab, sonst fällst du und zerbrichst das Glas und die Großmutter hat nichts. Und wenn du in ihre Stube kommst, so vergiss nicht guten Morgen zu sagen und guck nicht erst in alle Ecken herum." Als das Rotkäppchen, übrigens offensichtlich ein Einzelkind, vom Wolf jedoch erfolgreich verführt wird, vom Weg abzugehen um Blumen zu pflücken, kommt es zur bekannten Katastrophe. Hier aber überlebt das Kind und nach der wundersamen Rettung von Großmutter und Enkelin durch den Jäger hat das Kind seine Lektion gelernt: „Rotkäppchen aber dachte, du willst dein Lebtag nicht wieder allein vom Wege ab in den Wald laufen, wenn dir's die Mutter verboten hat." Ein Blick auf die Wertevermittlung im Märchen zeigt, dass natürlich Fleiß meistens belohnt und Faulheit bestraft wird. Beispiele hierfür sind „*Aschenputtel*" (KHM 21) oder „*Frau Holle*" (KHM 24). Es gibt aber auch den umgekehrten Fall, zum Beispiel im Schwankmärchen „*Die drei Spinnerinnen*" (KHM 14). Hier darf das Mädchen faul sein und es wird trotzdem belohnt. Allerdings zeigt es hier eine andere Tugend: Das Mädchen ist ehrlich und hält sein Versprechen:

Die drei Spinnerinnen (KHM 14)

Es war ein Mädchen faul und wollte nicht spinnen und die Mutter mochte sagen, was sie wollte, sie konnte es nicht dazu bringen. Endlich übernahm die Mutter einmal Zorn und Ungeduld, dass sie ihm Schläge gab, worüber es laut zu weinen anfing. Nun fuhr gerade die Königin vorbei, und als sie das Weinen hörte, ließ sie anhalten, trat in das Haus und fragte die Mutter, warum sie ihre Tochter schlüge, dass man draußen auf der Straße das Schreien hörte. Da schämte sich die Frau, dass sie die Faulheit ihrer Tochter offenbaren sollte und sprach: „Ich kann sie nicht vom Spinnen abbringen, sie will immer und ewig spinnen, und ich bin arm und kann den Flachs nicht herbeischaffen." Da antwortete die Königin: „Ich höre nichts lieber als spinnen, und bin nicht vergnügter als wenn die Räder schnurren. Gebt mir eure Tochter mit ins Schloss, ich habe Flachs genug, da soll sie spinnen so viel sie Lust hat." Die Mutter war's von Herzen gerne zufrieden und die Königin nahm das Mädchen mit. Als sie ins Schloss gekommen waren, führte sie es hinauf zu drei Kammern, die lagen von unten bis oben voll vom schönsten Flachs. „Nun spinn mir diesen Flachs", sprach sie, „und wenn du es fertig bringst, so sollst du meinen ältesten Sohn zum Gemahl haben; bist du gleich arm, so acht ich nicht darauf, dein unverdrossner Fleiß ist Ausstattung genug." Das Mädchen erschrak innerlich, denn es konnte den Flachs nicht spinnen und wär's dreihundert Jahr alt geworden und hätte jeden Tag vom Morgen bis Abend dabei gesessen. Als es nun allein war, fing es an zu weinen und saß so drei Tage ohne die Hand zu rühren. Am dritten Tage kam die Königin und als sie sah, dass noch nichts gesponnen war, verwunderte sie sich, aber das Mädchen entschuldigte sich damit, dass es vor großer Betrübnis über die Entfernung zu seiner Mutter Haus noch nicht hätte anfangen können. Das ließ sich die Königin gefallen, sagte aber beim Weggehen: „Morgen musst du mir anfangen zu arbeiten."

Als das Mädchen wieder allein war, wusste es sich nicht mehr zu raten und zu helfen und trat in seiner Betrübnis vor das Fenster. Da sah es drei Weiber herkommen, davon hatte die erste einen breiten Platschfuß, die zweite hatte eine so große Unterlippe, dass sie über das Kinn herunterhing und die dritte hatte einen breiten Daumen. Die blieben vor dem Fenster stehen, schauten hinauf und fragten das Mädchen, was ihm fehlte. Es klagte ihnen seine Not. Da trugen sie ihm ihre Hülfe an und sprachen: „Willst du uns zur Hochzeit einladen, dich unser nicht schämen und uns deine Basen heißen, auch an deinen Tisch setzen, so wollen wir dir den Flachs wegspinnen und das in kurzer Zeit." „Von Herzen gern", antwortete es, „kommt nur herein und fangt gleich die Arbeit an." Da ließ es die drei seltsamen Weiber herein und machte in der ersten Kammer eine Lücke, wo sie sich hin setzten und ihr Spinnen anhuben. Die eine zog den Faden und trat das Rad, die andere netzte den Faden, die dritte drehte ihn und schlug mit dem Finger auf den Tisch und so oft sie schlug, fiel eine Zahl Garn zur Erde, und das war aufs Feinste gesponnen. Vor der Königin verbarg sie die drei Spinnerinnen und zeigte ihr, so oft sie kam, die Menge des gesponnenen Garns, dass diese des Lobes kein Ende fand. Als die erste Kammer leer war, ging's an die zweite, endlich an die dritte, und die war auch bald aufgeräumt. Nun nahmen die drei Weiber Abschied und sagten zum Mädchen: „Vergiss nicht, was du uns versprochen hast, es wird dein Glück sein."

Als das Mädchen der Königin die leeren Kammern und den großen Haufen Garn zeigte, richtete sie die Hochzeit aus, und der Bräutigam freute sich, dass er eine so geschickte und fleißige Frau bekäme und lobte sie gewaltig. „Ich habe drei Basen", sprach das Mädchen, „und da sie mir viel Gutes getan haben, so wollte ich sie nicht gern in meinem Glück vergessen. Erlaubt doch, dass ich sie zu der Hochzeit einlade und dass sie mit an dem Tisch sitzen." Die Königin und der Bräutigam sprachen: „Warum sollen wir das nicht erlauben?" Als nun das Fest anhub, traten die drei Jungfern in wunderlicher Tracht herein. Und die Braut sprach: „Seid willkommen, liebe Basen." „Ach", sagte der Bräutigam, „wie kommst du zu der garstigen Freundschaft?" Darauf ging er zu der einen mit dem breiten Platschfuß und fragte: „Wovon habt ihr einen solchen breiten Fuß?" „Vom Treten", antwortete sie, „vom Treten." Da ging der Bräutigam zur zweiten und sprach: „Wovon habt ihr nur die herunterhängende Lippe?" „Vom Lecken", antwortete sie, „vom Lecken." Da fragte er die dritte: „Wovon habt ihr den breiten Daumen?" „Vom Faden drehen", antwortete sie, „vom Faden drehen." Da erschrak der Königssohn und sprach: „So soll mir nun und nimmermehr meine schöne Braut ein Spinnrad anrühren." Damit war sie das böse Flachsspinnen los.

Interessant an diesem Märchen ist, dass die Tochter von ihrer Mutter geschlagen wird, hier es der Mutter aber vor der Königin sehr unangenehm und durchaus peinlich ist. Die Tochter ist faul, lässt andere für sich arbeiten, erhält am Ende allerdings die „Lizenz zum Faulsein", was durchaus nicht einer althergebrachten Moralvorstellung entspricht.

Und doch beinhalten Märchen häufig eine Moral. Diese richtet sich aber nicht immer nur an Kinder. Ein schönes Beispiel für ein Märchen, das eine Moral für Erwachsene enthält, ist *„Der alte Großvater und sein Enkel"* (KHM 78). In diesem Märchen, das ganz und gar auf das Element des Wunderbaren verzichtet, werden die Eltern durch das Verhalten ihres Kindes „erzogen". Sie werden angehalten, ihr böses Verhalten ihrem eigenen Vater gegenüber zu ändern.

Der alte Großvater und der Enkel (KHM 78)

Es war einmal ein steinalter Mann, dem waren die Augen trüb geworden, die Ohren taub, und die Knie zitterten ihm. Wenn er nun bei Tische saß und den Löffel kaum halten konnte, schüttete er Suppe auf das Tischtuch, und es floss ihm auch etwas wieder aus dem Mund. Sein Sohn und dessen Frau ekelten sich davor, und deswegen musste sich der alte Großvater endlich hinter den Ofen in die Ecke setzen, und sie gaben ihm sein Essen in ein irdenes Schüsselchen und noch dazu nicht einmal satt. Da sah er betrübt nach dem Tisch, und die Augen wurden ihm nass. Einmal auch konnten seine zitterigen Hände das Schüsselchen nicht fest halten, es fiel zur Erde und zerbrach. Die junge Frau schalt, er sagte aber nichts und seufzte nur. Da kaufte sie ihm ein hölzernes Schüsselchen für ein paar Heller, daraus musste er nun essen. Wie sie da so sitzen, so trägt der kleine Enkel von vier Jahren auf der Erde kleine Brettlein zusammen. „Was machst du da?", fragte der Vater. „Ich mache ein Tröglein", antwortete das Kind, „daraus sollen Vater und Mutter essen, wenn ich groß bin." Da sahen sich Mann und Frau eine Weile an, fingen endlich an zu weinen, holten alsofort den alten Großvater an den Tisch und ließen ihn von nun an immer mitessen, sagten auch nichts, wenn er ein wenig verschüttete.

Die hier ausgewählten Beispiele sind keineswegs vollständig. Sie lassen sich beinahe beliebig erweitern und um einige weitere erzieherische Aspekte ergänzen (vgl. dazu: Kaiser, 1984, Sp. 375ff.). Sie reichen aber aus, um die Kritik zu entkräften, dass die Grimmschen Märchen ausschließlich repressiv-erzieherisch auf Kinder wirken. Es ist unzulässig verallgemeinernd, wenn man wie Hans Joachim Gelberg formuliert: „Die stupide Webart vieler Märchen bei Grimm erzieht zum konservativen Denken. Da der Gute seinen Lohn und der Böse seine Strafe findet, und da der Gute dieser Märchen in der Regel untertänig, arm, gläubig ist und ohne Widerspruch tut, was man ihm sagt, entstehen für Kinder falsche Maßstäbe" (zit. n. Rölleke 2008, Bd. 3, S. 618). Auch wenn es sicherlich einzelne Märchen gibt, die diese Ansicht zu bestätigen scheinen, sind die erzieherischen Aspekte, die im und durch Märchen vermittelt werden, differenzierter darzustellen. Die erzieherischen Handlungen im Märchen sind erstaunlich vielfältig und nicht immer nur negativ einzuschätzen. Es gibt viele Märchen, in denen die Erziehungsappelle der Eltern wenig oder überhaupt nichts nützen. Gerade in den bekannten Märchen „*Dornröschen*" (KHM 50), „*Schneewittchen*" (KHM 53) und dem „*Froschkönig*" (KHM 1) tun die Märchenhelden das Gegenteil von dem, was sie tun sollen, und finden gerade dadurch ihr Glück. Der Vorwurf der repressiven und autoritären Erziehung in und durch Märchen kann somit entkräftet werden. Selbst der im Märchen oft geforderte Gehorsam ist nicht immer gleichzusetzen mit „blindem Gehorsam". Es gibt auch einen „sinnvollen, für Kinder geradezu lebensnotwendigen Gehorsam gegenüber den erfahrenen Eltern, die drohende Gefahren erkennen und abwenden können" (Kaiser 1984, Sp. 386), wie das Märchen „*Der Wolf und die sieben jungen Geißlein*" (KHM 5) unter Beweis stellt:

Der Wolf und die sieben jungen Geißlein (KHM 5)

Es war einmal eine alte Geiß, die hatte sieben junge Geißlein, und hatte sie lieb, wie eine Mutter ihre Kinder lieb hat. Eines Tages wollte sie in den Wald gehen und Futter holen, da rief sie alle sieben herbei und sprach: „Liebe Kinder, ich will hinaus in den Wald. Seid auf eurer Hut vor dem Wolf, wenn er hereinkommt, so frisst er euch alle mit Haut und Haar. Der Bösewicht verstellt sich oft, aber an seiner rauen Stimme und an seinen schwarzen Füßen werdet ihr ihn gleich erkennen." Die Geißlein sagten: „Liebe Mutter, wir wollen uns schon in Acht nehmen, ihr könnt ohne Sorge fortgehen." Da meckerte die Alte und machte sich getrost auf den Weg.

Es dauerte nicht lange, so klopfte jemand an die Haustür und rief: „Macht auf, ihr lieben Kinder, eure Mutter ist da und hat jedem von euch etwas mitgebracht." Aber die Geißerchen hörten an der rauen Stimme, dass es der Wolf war. „Wir machen nicht auf", riefen sie, „du bist unsere Mutter nicht, die hat eine feine und liebliche Stimme, aber deine Stimme ist rau; du bist der Wolf." Da ging der Wolf fort zu einem Krämer und kaufte sich ein großes Stück Kreide, die aß er und machte damit seine Stimme fein. Dann kam er zurück, klopfte an die Haustür und rief: „Macht auf, ihr lieben Kinder, eure Mutter ist da und hat jedem von euch etwas mitgebracht." Aber der Wolf hatte seine schwarze Pfote in das Fenster gelegt. Das sahen die Kinder und riefen: „Wir machen nicht auf. Unsere Mutter hat keinen schwarzen Fuß, wie du: du bist der Wolf." Da lief der Wolf zu einem Bäcker und sprach: „Ich habe mich an den Fuß gestoßen, streich mir Teig darüber." Und als ihm der Bäcker die Pfote bestrichen hatte, so lief er zum Müller und sprach: „Streu mir weißes Mehl auf meine Pfote." Der Müller dachte: „Der Wolf will einen betrügen", und weigerte sich, aber der Wolf sprach: „Wenn du es nicht tust, so fresse ich dich." Da fürchtete sich der Müller und machte ihm die Pfote weiß. Ja, das sind die Menschen.

Nun ging der Bösewicht zum dritten Mal zu der Haustüre, klopfte an und sprach: „Macht mir auf, Kinder, euer liebes Mütterchen ist heimgekommen und hat jedem von euch etwas aus dem Walde mitgebracht." Die Geißerchen riefen: „Zeig uns erst deine Pfote, damit wir wissen, dass du unser liebes Mütterchen bist." Da legte er die Pfote ins

Fenster, und als sie sahen, dass sie weiß war, so glaubten sie, es wäre alles wahr, was er sagte und machten die Türe auf. Wer aber hereinkam, das war der Wolf. Sie erschraken und wollten sich verstecken. Das eine sprang unter den Tisch, das zweite ins Bett, das dritte in den Ofen, das vierte in die Küche, das fünfte in den Schrank, das sechste unter die Waschschüssel, das siebente in den Kasten der Wanduhr. Aber der Wolf fand sie alle und machte nicht langes Federlesen: eins nach dem andern schluckte er in seinen Rachen. Nur das jüngste in dem Uhrkasten, das fand er nicht. Als der Wolf seine Lust gebüßt hatte, trollte er sich fort, legte sich draußen auf der grünen Wiese unter einen Baum und fing an zu schlafen.

Nicht lange danach kam die alte Geiß aus dem Walde wieder heim. Ach, was musste sie da erblicken! Die Haustüre stand sperrweit auf: Tisch, Stühle und Bänke waren umgeworfen, die Waschschüssel lag in Scherben, Decke und Kissen waren aus dem Bett gezogen. Sie suchte ihre Kinder, aber nirgends waren sie zu finden. Sie rief sie nacheinander bei Namen, aber niemand antwortete. Endlich als sie an das jüngste kam, da rief eine feine Stimme: „Liebe Mutter, ich stecke im Uhrkasten." Sie holte es heraus, und es erzählte ihr, dass der Wolf gekommen wäre und die andern alle gefressen hätte. Da könnt ihr denken, wie sie über ihre armen Kinder geweint hat.

Endlich ging sie in ihrem Jammer hinaus, und das jüngste Geißlein lief mit. Als sie auf die Wiese kam, so lag da der Wolf an dem Baum und schnarchte, dass die Äste zitterten. Sie betrachtete ihn von allen Seiten und sah, dass in seinem angefüllten Bauch sich etwas regte und zappelte. „Ach Gott", dachte sie, „sollten meine armen Kinder, die er zum Abendbrot hinuntergewürgt hat, noch am Leben sein?" Da musste das Geißlein nach Haus laufen und Schere, Nadel und Zwirn holen. Dann schnitt sie dem Ungetüm den Wanst auf und kaum hatte sie einen Schnitt getan, so streckte schon ein Geißlein den Kopf heraus, und als sie weiter schnitt, so sprangen nacheinander alle sechse heraus, und waren noch alle am Leben und hatten nicht einmal Schaden gelitten, denn das Ungetüm hatte sie in der Gier ganz hinuntergeschluckt. Das war eine Freude! Da herzten sie ihre liebe Mutter und hüpften wie ein Schneider, der Hochzeit hält. Die Alte aber sagte: „Jetzt geht und sucht Wackersteine, damit wollen wir dem gottlosen Tier den Bauch füllen, so lange es noch im Schlafe liegt." Da schleppten die sieben Geißerchen in aller Eile die Steine herbei und steckten sie ihm in den Bauch, so viel sie hineinbringen konnten. Dann nähte ihn die Alte in aller Geschwindigkeit wieder zu, dass er nichts merkte und sich nicht einmal regte.

Als der Wolf endlich ausgeschlafen hatte, machte er sich auf die Beine, und weil ihm die Steine im Magen so großen Durst erregten, so wollte er zu einem Brunnen gehen und trinken. Als er aber anfing zu gehen und sich hin und her zu bewegen, so stießen die Steine in seinem Bauch aneinander und rappelten. Da rief er:

„Was rumpelt und pumpelt
in meinem Bauch herum?
ich meinte, es wären sechs Geißlein,
so sind's lauter Wackerstein."

Und als er an den Brunnen kam und sich über das Wasser bückte und trinken wollte, da zogen ihn die schweren Steine hinein, und er musste jämmerlich ersaufen. Als die sieben Geißlein das sahen, da kamen sie herbei gelaufen, riefen laut: „Der Wolf ist tot! Der Wolf ist tot!", und tanzten mit ihrer Mutter vor Freude um den Brunnen herum.

Altersbezogene pädagogische und didaktische Hinweise im Anschluss an das Kapitel

Erziehung im Märchen ist ein interessanter Untersuchungsgegenstand, der auch mit Schülerinnen und Schülern thematisiert werden könnte. Gerade die in diesem Kapitel erwähnten und abgedruckten Märchen bieten sich als Ausgangspunkt für eine eigene Untersuchung an. Hilfreich sind dabei folgende Fragestellungen:

- Welche erzieherischen Maßnahmen werden im Märchen dargestellt?
- Welche Wirkung soll damit bei den Zuhörern erzielt werden?
- Lassen sich durch die erzieherische Darstellung in den Märchen Aussagen darüber treffen, in welcher Zeit die Märchen entstanden sein könnten?
- Welche Gebote und Verbote werden in den Märchen explizit und implizit vermittelt?
- Wie sind diese Gebote und Verbote aus heutiger Perspektive zu beurteilen? Welche sind sinnvoll, welche weniger sinnvoll? Warum?
- „Märchen sind repressiv und autoritär!" – Recherchiert Märchen, die diese These bestätigen und welche, die diese These widerlegen.

Denkbar wäre auch, eine Podiumsdiskussion zu dem Thema „Erziehung im Märchen" als Rollenspiel zu veranstalten. Folgende Rollen könnten dafür besetzt werden: Märchenexperten, Eltern, Psychologen, moderne Kinderbuchautoren, Pädagogen. Diese Vorschläge sind für Schülerinnen und Schüler ab der Mittelstufe geeignet. Sie sind nicht auf den Deutschunterricht beschränkt, sondern eigenen sich auch für die Fächer „Pädagogik" und „Ethik/Praktische Philosophie".

VII. „Und wenn sie nicht..." – Ausblick

Märchenpädagogik und Medienkompetenz

Brauchen wir heute noch Märchen? Märchen spielen in alten Zeiten und haben mit der heutigen Lebenswelt von Kindern und Jugendlichen nur wenig gemein. Und doch oder gerade deshalb sind sie, wie gezeigt wurde, von unschätzbarer pädagogischer Bedeutung. Märchen reduzieren nicht zuletzt wegen ihrer einfachen Struktur Komplexität und thematisieren dennoch komplexe Entwicklungen in metaphorischer Weise. Damit fordern sie Kinder heraus. Bettelheim sagt: „Die Wahrheit des Märchens ist die Wahrheit unserer Phantasie, nicht die der normalen Kausalität". Das macht das Märchen auch in bildungstheoretischer Hinsicht so bedeutsam: es verweist auf Wahrheiten, die tiefer liegen als die bloß kausalen Zusammenhänge, nach denen wir gewohnt sind, die Welt zu erklären und zu deuten.
In unserer gegenwärtigen Lebenswirklichkeit, die sehr stark durch (multimediale) Medien bestimmt ist, sodass einige Soziologen sogar von einer „Mediengesellschaft" sprechen (vgl. Postman 1998, vgl. auch Pongs 2000), mögen Märchen vielleicht auf den ersten Blick antiquiert erscheinen; vor allem dann, wenn sie „nur" vorgelesen und erzählt werden. Doch das Gegenteil ist der Fall: Gerade mit und durch Märchen lässt sich Medienkompetenz besonders gut schulen, eine der wichtigsten Fähigkeiten, um sich in der heutigen Welt zurechtzufinden und diese aktiv mitzugestalten. Medienkompetenz umfasst nach Baacke die vier Dimensionen Medienkunde, Mediennutzung, Medienkritik und Mediengestaltung (vgl. Scarbath 1999).

1. Bei der *Medienkunde* geht es um „klassische Wissensbestände" über Medien, z.B. wer wie mit Medien arbeitet (informative Komponente). Außerdem ganz allgemein um die Fähigkeiten des Umgangs mit der entsprechenden Technik (instrumentell-qualifikatorische Komponente).

2. Medien dienen sowohl der Informationsgewinnung als auch der Unterhaltung, wobei eine sinnvolle Balance notwendig ist. *Mediennutzung* beinhaltet aber nicht nur eine rezipierende Komponente, sondern auch eine aktive Komponente, indem man selbst zum „Produzenten" wird (z.B. selbst etwas verfasst, mit einer Kamera fotografiert/filmt o.ä.).
3. *Medienkritik* beinhaltet das Wissen um die gesellschaftlichen Prozesse, in die die Medien eingebettet sind, mit dem Ziel, den Medien und ihren Botschaften nicht allzu naiv entgegenzutreten. Dieses Wissen soll auf das eigene Handeln bezogen werden, die Analyse und Reflexion soll sozial verantwortet sein.
4. Die anspruchsvollste Dimension der Medienkompetenz ist die *Mediengestaltung*. Sie hat zwei Unterdimensionen, erstens eine innovative: die Medien selbst weitergestalten (lassen sich neue Medien erschaffen?); zweitens eine ästhetisch-inhaltliche: den alten Medien zum Beispiel neue Ausdrucksformen verleihen, indem man eigene Texte, Stücke, Hörspiele oder ähnliches produziert.

Die vielen pädagogischen Hinweise und praktischen Ideen in diesem Buch zielen unter anderem darauf ab, diese grundlegenden Fähigkeiten mit und durch den Umgang mit Märchen zu erlernen. Darüber hinaus sollte deutlich werden, dass Märchen auch eine historische Komponente beinhalten. Sie schaffen eine Brücke von der vergangenen Zeit zur Gegenwart, von der alten zur neuen Generation und von der phantastischen, utopischen zur heutigen weitgehend entzauberten Welt. Die Epoche der Romantik hat das Märchen als Antwort auf die uneingelösten Versprechen der Aufklärung entdeckt. Der heute immer stärker offenbar werdenden „Dialektik der Aufklärung" ist mit dem Märchen jedoch sicherlich nicht beizukommen (vgl. Horkheimer/Adorno). Und dennoch schenken uns Märchen Antworten auf immer wiederkehrende Fragen. „Zuletzt öffnet das Glücksversprechen der

Märchen ein kleines Fenster, um über die oft triste Wirklichkeit hinauszublicken. Es entlässt uns immer wieder in die Wirklichkeit, aber es entlastet uns auch" (Kaminski 1997, S. 102).
Märchen sind daher nicht nur für die Schulung von Medienkompetenz von Bedeutung, sondern zugleich ein Gegengewicht zur heutigen meist zweidimensional erscheinenden medialen Welt. Kinder lernen schneller und intensiver von Angesicht zu Angesicht. Kinder brauchen die persönliche Beziehung und den Dialog zwischen Ich und Du. Darauf verweisen nicht nur pädagogische Klassiker wie Martin Buber (vgl. Buber 2002), sondern auch die experimentellen Ergebnisse der neueren psychologischen Lernforschung. Deshalb sind Märchen, die vorgelesen oder erzählt werden, das Medium vor allem der frühen Kindheit, das aber seine bildungsstiftende Bedeutung über alle Entwicklungsstufen des menschlichen Lebens mit Hilfe der vielen weiterführenden Methoden und Ideen in diesem Buch behält. Insofern könnte man die Bettelheimsche These „Kinder brauchen Märchen" erweitern zu: „Menschen brauchen Märchen". Märchen sind zwar nicht alles und man kann selbstverständlich ein gutes, glückliches Leben ganz ohne Märchen führen, aber doch läge darin ein Verlust. Johann Gottfried Herder hat das so ausgeführt: „Ein Kind, dem Märchen nie erzählt worden sind, wird ein Stück Feld in seinem Gemüt behalten, das in späteren Jahren nicht mehr angebaut werden kann."
Märchen helfen, trösten, unterhalten, regen die Phantasie an, fördern unsere Träume, entführen uns in utopische Gefilde, verzaubern uns und die Welt – und das alles auch ganz ohne pädagogische Zugaben. Das dürfen wir nicht vergessen, denn der Zauber liegt letztlich im Märchen selbst und nicht vorrangig in seiner pädagogischen Bedeutung und Vermittlung. Unser pädagogisches Interesse am Umgang mit Märchen in Erziehungs- und Bildungsprozessen sollte daher das Märchen immer auch als Zweck seiner selbst ansehen.

Literatur/Anhang:

A) Zitiernachweise der abgedruckten Märchen:

Sämtliche zitierte Märchen der Brüder Grimm folgen der letzten von den Brüdern selbst besorgten Ausgabe von 1857 und sind in der Rechtschreibung modernisiert: GRIMM, Brüder: Kinder- und Hausmärchen. 2. Bde. 7. Auflage. Göttingen 1857. Abrufbar unter:
http://de.wikisource.org/wiki/Kinder-_und_Hausm%C3%A4rchen

Vom Hühnchen und Hähnchen (von Ludwig Bechstein) abrufbar unter:
http://www.maerchen.com/bechstein/vom-huehnchen-und-haehnchen.php

Die Prinzessin auf der Erbse von Hans Christian Andersen ist zitiert nach:
ANDERSEN, H[ans] C[hristian]: Sämmtliche Märchen. Leipzig [31][um 1900], S. 386-388. Abrufbar unter:
http://www.zeno.org/Literatur/M/Andersen,+Hans+Christian/M%C3%A4rchensammlung/M%C3%A4rchen/Die+Prinzessin+auf+der+Erbse

Der Prinz mit den Eselsohren ist ein Märchenstoff aus Portugal und wurde ausgehend von der Märchenfassung abrufbar unter:
http://www.hekaya.de/txt.hx/der-prinz-mit-den-eselsohren--maerchen--europa_221
vom Autor sprachlich bearbeitet.
(letzter Zugriff: 13. Oktober 2009)

Der Poesieminister ist eine vom Autor überbearbeitete Fassung des gleichnamigen Hörspiels von: PEITZ, Christian: Märchen für die Bühne. Sketche, Szenen, Stücke. Norderstedt 2009.

B) Empfohlene Märchenliteratur (mit Verlagsangaben):

AFANASJEW, Alexander N.: Russische Volksmärchen. München 1985. (Deutscher Taschenbuchverlag)

BECKER, Friedrich: Afrikanische Märchen. Frankfurt a.M. 2002. (Fischer-Taschenbuch)

DIEDERICHS, Ulf (Hrsg.): Der Märchenpalast. Die schönsten Märchen Europas aus 52 Sprachen erzählt für 365 Tage und eine Nacht. 3 Bde. München 1992. (Droemer Verlag)

EICH, Günter: Die schönsten Märchen aus 1001 Nacht. Hrsg. v. Karl Karst. Frankfurt a.M. und Leipzig 1996. (Inselverlag)

GRIMM, Brüder: Kinder- und Hausmärchen. Ausgabe letzter Hand mit den Originalanmerkungen der Brüder Grimm. Mit einem Anhang sämtlicher, nicht in allen Auflagen veröffentlichten Märchen mit Herkunftsnachweisen hrsg. v. Heinz Rölleke. 3 Bde. Stuttgart 2008. (Reclam)

HETMANN, Frederik (Hrsg.): Indianermärchen. Königsfurt 2007. (Urania)

PAULSEN, Lisa (Hrsg.): Das Märchenbuch. Stuttgart 2003. (Reclam)

PEITZ, Christian: Der Märchenprinz im Märchenwald hört einen Schuss, der gar nicht knallt. Münster 2008. (BOD, Hoersketch)

Reihe: Diederichs Märchen der Weltliteratur. Begründet von Friedrich von der Leyen. (Verlag Diederichs/Rowohlt Taschenbuch)

Romantische Märchen. Ausgewählt von Sigrid Damm. Frankfurt a.M. und Leipzig 2002. (Inselverlag)

SCHWARZ, Rainer (Hrsg.): Chinesische Märchen. Märchen der Han. Frankfurt a.M. und Leipzig 1991. (Inselverlag)

Tausendundeine Nacht. Nach der ältesten arabischen Handschrift in der Ausgabe von Muhsin Mahdi erstmals ins Deutsche übertragen von Claudia Ott. München 2006. (Deutscher Taschenbuchverlag)

C) Märchenmedien (Auswahl)

Grimms Märchen, erzählt von Manfred Steffen. (10 CDs) 1995. (Deutsche Grammophon)
LINDGREN, Astrid: Märchen (4 CDs). Gelesen von Manfred Steffen. 8. Auflage, 2005. (Oetinger-Audio).
PEITZ, Christian: Rumpelstilzchen schlägt zurück. Münster 2009 (Hoersketch).
PEITZ, Christian: Märchenzauber. Münster 2007 (Hoersketch).
PEITZ, Christian: Märchenhelden unterwegs. Münster 2006 (Hoersketch).
PEITZ, Christian: Der Märchenprinz. Münster 2006 (Hoersketch).

D) Märchenmuseen (Auswahl)

Brüder Grimm-Haus und Museum Steinau
Adresse: Brüder Grimm-Straße 80
36396 Steinau an der Straße
E-Mail info@museum-steinau.de
www.brueder-grimm-haus.de

Brüder Grimm-Museum Kassel
Palais Bellevue
Schöne Aussicht 2
D-34117 Kassel
www.grimms.de

Deutsches Märchen- und Wesersagenmuseum Bad Oeynhausen
Am Kurpark 3
32543 Bad Oeynhausen
E-Mail: museum@badoeynhausen.de

Hauff's Märchenmuseum
Alte Reichenbacher Strasse 1
(Oberdorf, neben ev. Marienkirche)
72270 Baiersbronn

E) Zitierte und weiterführende Literatur

ARIÈS, Philipe: Geschichte der Kindheit. Mit einem Vorwort von Hartmut von Hentig. München und Wien 1975.
BECKER, Klaus Bert, Heinz W. Giese und Willibert Kempen (Hrsg.): Kontext Deutsch 5. Das kombinierte Sprach- und Lesebuch für Gymnasien. Hannover 2002.
BETTELHEIM, Bruno: Kinder brauchen Märchen. 20. Auflage. München 1997.
BUBER, Martin: Ich und Du. Stuttgart 2002.
Conrady. Das Buch der Gedichte. Deutsche Lyrik von den Anfängen bis zur Gegenwart. Eine Sammlung für die Schule. Begründet von Karl Otto Conrady, in Zusammenarbeit mit Sabine Buchholz neu hrsg. von Hermann Korte. Berlin 2006.
Die Pädagogik. Schülerduden. Hrsg. von Meyers Lexikonredaktion in Zusammenarbeit mit Gerhard Eberle und Axel Hillig. Mannheim u.a. 1989.
DOLLE, Bernd: Märchen und Erziehung. Versuch einer historischen Skizze zur didaktischen Verwendung Grimmscher Märchen (am Beispiel Aschenputtel). In: Brackert, Helmut (Hrsg.): Und wenn sie nicht gestorben sind... Perspektiven auf das Märchen. Frankfurt a.M. 1980. S. 165-192.
DREWERMANN, Eugen: Grimms Märchen tiefenpsychologisch gedeutet. München 2003.
FREUD, Sigmund: Märchenstoffe in Träumen (1913). In: Freud. Das Lesebuch. Texte aus vier Jahrzehnten. Hrsg. von Cordelia Schmidt-Hellerau. Frankfurt a. M. 1996. S. 247-254.
FREUND, Winfried: Deutsche Märchen. Eine Einführung. München 1996.
FREUND, Winfried: Das Märchen. Hollfeld 2003.
FREUND, Winfried: Schnellkurs Märchen. Köln 2005.
FROMM, Erich: Märchen, Mythen, Träume. Eine Einführung in das Verständnis einer vergessenen Sprache. Deutsch von Liselotte und Ernst Mickel. 18. Auflage. Reinbek b. Hamburg 2004. S. 157-160.
GRAF, Günter und Hans Stammel (Hrsg.): deutsch.ideen 5. Sprach- und Lesebuch. Braunschweig 2006.
GRIMM, Jacob, und Wilhelm G.: Schriften und Reden. Ausgewählt und hrsg. v. Ludwig Dennecke. Stuttgart 1985.

GUDJONS, Herbert: Pädagogisches Grundwissen. Überblick – Kompendium – Studienbuch. 6., durchgesehene und ergänzte Auflage. Bad Heilbrunn 1999.

HENTIG, Hartmut von: Bildung. Ein Essay. München und Wien 1996.

HORKHEIMER, Max und Theodor W. Adorno: Dialektik der Aufklärung. Philosophische Fragmente. Frankfurt a.M. 2002.

KAISER, Erich: Erziehung (in der Erzählung). In: Enzyklopädie des Märchens. Handwörterbuch zur historischen und vergleichenden Erzählforschung. Hrsg. v. Kurt Ranke. Bd. 4. Berlin und New York 1984. Sp. 375-389.

KAMINSKI, Winfred: Vom Zauber der Märchen. Ein pädagogischer Leitfaden zu den Sammlungen der Brüder Grimm. Mainz 1997.

KARLINGER, Felix: Grundzüge einer Geschichte des Märchens im deutschen Sprachraum. Darmstadt 1983.

KLAFKI, Wolfgang: Neue Studien zur Bildungstheorie und Didaktik. Zeitgemäße Allgemeinbildung und kritisch-konstruktive Didaktik. 5. Auflage. Weinheim und Basel 1996.

KNOCH, Linde: Praxisbuch Märchen. Verstehen – Deuten – Umsetzen. Zweite Auflage. Gütersloh 2001.

LAIBLIN, Wilhelm (Hrsg.): Märchenforschung und Tiefenpsychologie. 4., unveränderte Auflage. Darmstadt 1991.

LIPPERT, Susanne: Steiner und die Waldorfpädagogik. Mythos und Wirklichkeit. Berlin 2001.

LÜTHI, Max: Märchen. 10., aktualisierte Auflage. Bearbeitet von Heinz Rölleke. Stuttgart 2004.

„Märchen spiegeln die Kinderseele wider". Artikel auf Focusonline vom 14.06.2009: http://www.focus.de/schule/familie/medientipps/psychologie-maerchen-spiegeln-die-kinderseele-wider_aid_407447.html [letzter Zugriff: 13. Oktober 2009]

„Märchen sind das beste Doping fürs Gehirn". Artikel auf Weltonline vom 27.09.2007: http://www.welt.de/kultur/article1217680/Maerchen_sind_das_beste_Doping_fuers_Gehirn.html [letzter Zugriff: 13. Oktober 2009].

PONGS, Armin: In welcher Gesellschaft leben wir eigentlich? Bd. 2. München 2000.

POSTMAN, Neil: Wir amüsieren uns zu Tode. Urteilsbildung im Zeitalter der Unterhaltungsindustrie. Frankfurt a.M. 1998.

PRILL, Meinhard: Kinder- und Hausmärchen. In: Kindlers neues Literatur Lexikon. Hrsg. v. Walter Jens. Studienausgabe. Bd. 6: Ga-Gr. München 1996. S. 914-917.
REBLE, Albert: Geschichte der Pädagogik. 10., durchgesehene Auflage. Stuttgart 1969.
RICHTER, Dieter: Pädagogik. In: Enzyklopädie des Märchens. Handwörterbuch zur historischen und vergleichenden Erzählforschung. Hrsg. v. Kurt Ranke. Bd. 10: Nibelungenlied – Prozessmotive. Berlin und New York 2002. Sp. 469-479.
RICHTER, Dieter und Johannes Merkel: Märchen, Phantasie und soziales Lernen. Berlin 1974.
RÖHRICH, Lutz: Märchen und Sagen. Erzählforschung heute. Freiburg i.Br. 1976.
RUTSCHKY, Katharina (Hrsg.): Schwarze Pädagogik. Quellen zur Naturgeschichte der bürgerlichen Erziehung. O. O. 1977.
SAFRANSKI, Rüdiger: Romantik. Eine deutsche Affäre. München 2008.
SCARBATH, Horst G.: Vom Dompteur zum Entertainer? Wandlungen des Lehrerberufs im Medienzeitalter. In: Pädagogik 12/1999. S.44-47.
SCHWEIKLE, Günther und Irmgard (Hrsg.): Metzler Literatur Lexikon. Begriffe und Definitionen. Zweite, überarbeitete Auflage. Stuttgart 1990.
STEFFEN, Karl: Lernen und Persönlichkeitsentwicklung. In: Handbuch der Erziehungswissenschaft. Bd. 1: Grundlagen. Allgemeine Erziehungswissenschaft. Bearbeitet v. Gerhard Mertens, Ursula Frost und Winfried Böhm. Paderborn u.a. 2008. S. 373-377.
ZIESENIS, Werner: Märchen und Sage im Unterricht. In: Lange, Günter u.a. (Hrsg.): Taschenbuch des Deutschunterrichts. Grundfragen und Praxis der Sprach- und Literaturdidaktik. Bd. 2: Literaturdidaktik: klassische Formen, Trivialliteratur, Gebrauchstexte. – 6., vollst. Überarbeitete Auflage. Baltmannsweiler 1998. S. 532-553.

Über die Autoren

Oliver Geister, promovierter Erziehungswissenschaftler, ist Gymnasiallehrer für die Fächer Deutsch, Pädagogik und Musik und Lehrbeauftragter für Erziehungswissenschaft an der Universität Münster. Darüber hinaus hat er als Komponist zahlreiche Märchenhörspiele für den Hoersketch-Märchenverlag musikalisch gestaltet.

Christian Peitz, Autor des Teilkapitels „Märchen und Märchenmedien in Kindertageseinrichtungen", ist neben seiner umfangreichen Autorentätigkeit als Diplompädagoge und Hörspielproduzent tätig. Er ist Verfasser zahlreicher Märchen und Märchenhörspiele, die er unter anderem für das Kulturradio des RBB produziert.